आगे बढ़ो

विश्व प्रसिद्ध विचारक और लेखक स्वेट मार्डन की पुस्तकों ने करोड़ों लोगों के जीवन में क्रांति ला दी है, भटक रही मानवता को नयी दिशा दी है। यह 'आगे बढ़ो' नामक पुस्तक भी इसी महान् विचारक की महान् कृति का हिन्दी रूपान्तर है।

आगे बढ़ो

स्वेट मार्डेन

डायमंड बुक्स

www.diamondbook.in

प्रकाशक : डायमंड पॉकेट बुक्स (प्रा.) लि.
X-30 ओखला इंडस्ट्रियल एरिया, फेज-II
नई दिल्ली - 110 020
फोन : 011- 40712200
ई-मेल : sales@dpb.in
वेबसाइट : www.diamondbook.in

Aage Badho
by: Swett Marden

अनुक्रम

1. हमारी आदतें

मनुष्य के जीवन में आदतों का विशेष महत्त्व होता है। आदतें ही उसे सफलता के शिखर पर ले जाती हैं, बुरी आदत उसे असफलता और पतन के गर्त में धकेल देती हैं।

सुप्रसिद्ध दार्शनिक वेवल का कहना है कि अगर खूब अच्छी तरह सोच समझकर, बुद्धिमत्तापूर्वक किसी आदत को अपना लिया जाये तो वह आदत व्यक्ति के स्वभाव में सम्मिलित हो जाती है और जीवन-पर्यन्त उसका साथ निभाती है।

यही स्थिति बुरी आदत की भी है। मनुष्य में यदि कोई बुरी आदत पड़ जाये तो वह जीवन-भर उसका पीछा नहीं छोड़ती। वह उसके स्वभाव में रच-बस जाती है। वह कुछ समय बाद जान जाता है कि उसकी अमुक बुरी आदत उसकी असफलता का मूल कारण है। उसे इस आदत को छोड़ देना चाहिए मगर वह उसे छोड़ नहीं पाता। क्योंकि वह बुरी आदत उसके जीवन का एक अंग बन चुकी होती है।

लेकस्टीन ने कहा है कि हमारी आदतें उस लोहे की जंजीर के समान हैं जो हमें बांध लेती हैं। हमारी अच्छी आदतें ही हमारा मार्गदर्शन करती है।

बुरी आदतों के बारे में हेजलेट ने कहा है कि बुरी आदतों की लौह-श्रृंखला मनुष्य के मन से किसी विषैले नाग की तरह लिपट जाती है और उसके मन पर घातक प्रभाव डालती है। उसे तोड़-तोड़कर खाती रहती है। इसका परिणाम यह होता है कि उस व्यक्ति का जीवन समय से पहले ही नष्ट होकर समाप्त हो जाता है।

बुरी आदतें उस फिसलन भरी ढलान की तरह हैं जिस पर एक बार पांव रखने के बाद आदमी कितना ही संभलने की कोशिश करे, फिसलता ही जाता है, पतन के उस गहरे गर्त की ओर जहां उसे मृत्यु ही छुटकारा दिला पाती है।

सच ही कहा है एफ. डब्ल्यू. राबर्टसन ने, "अगर आप अपने जीवन की उपेक्षा करते हैं तो याद रखिए-आप जीवन-भर अपने उद्देश्य को कभी प्राप्त नहीं कर पायेंगे।"

मानव जीवन:

मानव जीवन एक अमूल्य वस्तु है। हमें मानव जन्म इसलिए नहीं मिला है कि हम सुख-वैभव में इस सीमा तक डूब जाएं कि अपने कर्तव्यों को भुला दें। वास्तव में कर्तव्य ही जीवन का दूसरा नाम है। यदि हम अपने कर्तव्यों की ओर से आंखें मूंद लेंगे तो हम अपने उद्देश्य को कभी भी नहीं पा सकेंगे।

मनुष्य जन्म लेने के बाद से ही कुछ न कुछ सीखना आरम्भ कर देता है और जीवन-भर सीखता ही रहता है। शिशु के जन्म लेने के बाद ही उसकी शिक्षा आरम्भ हो जाती है। उसकी प्रथम शिक्षक होती है उसकी मां।

एक स्त्री ने एक चिकित्सक के पास जाकर पूछा, "एक बात बताइए, मैं अपने बच्चे की शिक्षा-दीक्षा कब से आरम्भ करूं?"

चिकित्सक ने पूछा, "आपके बच्चे की उम्र कितनी है?"

स्त्री ने बड़े गर्व के साथ उत्तर दिया, "अभी तो वह केवल दो वर्ष का है।"

चिकित्सक ने गम्भीर स्वर में कहा- "तब तो श्रीमती जी आपने दो वर्ष बेकार कर ही गंवा दिये।"

इसका अर्थ है कि बच्चे कि शिक्षा-दीक्षा आरम्भ से ही शुरू हो जानी चाहिए। बच्चे को मां के अतिरिक्त शिक्षा मिलती है परिवार की बूढ़ी महिलाओं जैसे दादी, नानी। वह शिक्षा आरम्भ होती है बच्चे को कुछ काम करना सिखाने से और वे कर्म बीज के रूप में बच्चे के जीवन में उगने आरम्भ हो जाते हैं। जिसका फल होता है उसका चरित्र। मनुष्य के चरित्र का निर्माण उसके बचपन से ही आरम्भ हो जाता है। बच्चा जो कुछ भी करता है वही उसका स्वभाव बन जाता है और उसके स्वभाव अर्थात् उसकी आदतें ही उसके चरित्र-निर्माण का आधार होती हैं।

अगर आरम्भ से ही किसी बच्चे में अच्छे कर्मों द्वारा अच्छी आदतें डाली जाएं तो उसका चरित्र दूसरों के लिए आदर्श बन जाता है। उसकी अच्छी आदतों का प्रभाव केवल उसी पर नहीं पड़ता, उसके साथ खेलने वाले और पढ़ने वाले बच्चों पर भी पड़ता है।

अच्छी आदतें उसी बच्चे में पड़ती हैं जो अभिमान से दूर हो, जिसमें आत्मसंयम होता है। बच्चे में विनम्रता, निरभिमान और आत्मसंयम पैदा होता है अच्छी आदतों से। बुरी आदतें तो किसी खेत में उस खरपतवार की तरह होती हैं जो अच्छाई रूपी फसल का रस चूसती रहती हैं और उसके बढ़ने-पकने में व्यवधान पैदा करती रहती हैं।

छोटी उम्र में बच्चे अच्छी आदतों को उसी सहजता और सरलता से ग्रहण कर लेते हैं जितनी आसानी से वे बुरी आदतों को अपना लेते हैं। इसलिए आवश्यक है कि आरम्भ से ही बच्चों की आदतों पर नजर रखी जाए और उनमें जैसे ही कोई बुरी आदत दिखाई दे, उसे दूर करने का भरपूर प्रयत्न किया जाये।

बीस वर्ष तक की उम्र ऐसी होती है जब किसी व्यक्ति की आदतें जड़ पकड़ लेती हैं। वे उसके चरित्र में सम्मिलित हो जाती हैं। उसी के अनुसार उसके आचार-विचार और व्यवहार तथा कर्म बन जाते हैं। अगर इस उम्र तक बच्चे पर कड़ी नजर न रखी जाये और उसकी बुरी आदतों को दूर करने का प्रयास

न किया जाए तो बुरी आदतें उसके स्वभाव का ऐसा अटूट अंग बन जाती हैं जिनसे फिर पीछा छुड़ाना असम्भव नहीं तो कठिन अवश्य हो जाता है। जीवन के यही बीस वर्ष मनुष्य के जीवन और भविष्य की आधारशिला होते हैं।

जर्मनी के बोन विश्वविद्यालय के प्रोफेसर पेलमैन मनोविज्ञान के बहुत बड़े पंडित थे। एक बार उन्होंने शराबियों की पैतृक आदतों का मनन करना आरम्भ कर दिया। वे सैकड़ों शराबियों से मिले तो उन्हें पता चला कि शराब पीने की यह आदत उन्हें अपने पूर्वजों से विरासत में मिली है। उनके पूर्वजों का अपनी कई अगली पीढ़ियों पर ऐसा गहरा प्रभाव पड़ा है कि वे स्वतः ही शराबी बनते चले गए।

जिस समय प्रोफेसर पेलमैन शराबियों का अध्ययन कर रहे थे, उन्हें फ्राएड जर्क नाम की एक कुख्यात महिला का विवरण प्राप्त हुआ। उसका जन्म सन् 1740 में हुआ था। वह अपने जीवन के प्रारम्भिक चालीस वर्ष तक शराब पीती रही थी और शराब ने उसे बचपन से ही चोर और आवारा बना दिया था। उसकी मृत्यु सन् 1800 में हुई थी। उसकी अपनी पीढ़ियों में 834 व्यक्तियों ने जन्म लिया था। इनमें 76 व्यक्तियों को उनके जघन्य अपराधों के कारण अपने जीवन का अधिकांश भाग जेल में बिताना पड़ा, उनमें से सात आदमियों को मृत्युदण्ड दिया गया। 181 स्त्रियां ऐसी थीं जिन्होंने अपना जीवन वेश्यावृत्ति से आरम्भ किया। वे सभी अपने जमाने की कुख्यात स्त्रियां थीं। इनमें से 144 व्यक्ति ऐसे थे जो भीख मांग कर गुजारा करते थे। भूखे तो रह जाते थे लेकिन शराब जरूर पीते थे। इस प्रकार 62 व्यक्ति ऐसे थे जिनका गुजारा दान से ही होता था। उनमें से केवल 100 स्त्री-पुरुष ही ऐसे थे जिनके माता-पिता ने कानूनी ढंग से विवाह किए थे और सरकार जिन्हें वैध मानती थी। इस तरह लगभग 75 वर्ष में जर्मनी की सरकार और वहां की सुधार समितियों को सन् 1740 में जन्म लेने वाली इस महिला की सन्तानों पर साढ़े बारह लाख डालर खर्च करने पड़े थे।

उन लोगों के चरित्र को दूषित बनाने में उस महिला का शराब पीने का प्रमुख हाथ था। उसी की देखा-देखी उसकी सन्तान ने शराब पीनी आरम्भ

की और उसके बाद उस परिवार में जो भी बच्चे पैदा होते गए, अपने माता-पिता की आदतों को ग्रहण करते चले गए।

यह एक छोटा-सा उदाहरण है। इसी प्रकार के अनेक उदाहरण हमें अपने दैनिक जीवन में जहां-तहां देखने को मिल जाते हैं। इसलिए यह एक ठोस सच्चाई है कि बच्चों पर अपने माता-पिता और पूर्वजों की आदतों तथा उन आदतों के कारण बनने वाले उनके चरित्र पर महत्त्वपूर्ण, गहरा और अमिट प्रभाव पड़ता है। आप यदि किसी सफल व्यक्ति से पूछेंगे कि उसकी सफलता और दूसरों की असफलता का मुख्य कारण क्या है तो वह आपको एक ही उत्तर देगा- अच्छी आदतें व्यक्ति को उसके जीवन में सफलता प्रदान करती हैं जबकि बुरी आदतें उसे सफलता से कोसों दूर ले जाती हैं।

अच्छी परम्पराएं:

इसी प्रकार पारिवारिक परम्पराओं और रस्मों-रिवाजों का व्यक्ति और समाज पर गहरा प्रभाव पड़ता है। यदि प्रथाएं और परम्परायें अच्छी हैं तो उनका समाज पर अच्छा प्रभाव पड़ेगा और यदि वे बुरी हैं तो समाज में भी बुराई फैल जाएगी। समाज में बुराई उसी तरह फैल जाती है जिस तरह किसी तालाब में विष डाल देने पर, भले ही वह विष तालाब के एक कोने में ही क्यों न डाला गया हो परन्तु वह पूरे तालाब के पानी को विषैला बना देता है।

हम जिन्हें छोटी या सामान्य आदत कह कर नजरअंदाज कर देते हैं, वास्तव में समाज में फैलने वाली बुराइयों की जड़ वही सामान्य-सी छोटी आदतें होती हैं। ये छोटी-छोटी आदतें ही एक दिन बढ़कर एक ऐसे विशाल वृक्ष के रूप में परिवर्तित हो जाती हैं और उस विशाल वृक्ष की जड़ें इतनी गहराई तक जम जाती हैं कि उस विशाल वृक्ष को उखाड़ फेंकना असम्भव नहीं तो कठिन अवश्य हो जाता है।

जिन लोगों ने संसार का अनुभव प्राप्त किया है उन्होंने अच्छी आदतों को चार मुख्य भागों में विभाजित किया है। उनमें से पहली अच्छी आदत है समय की पाबन्दी। जो व्यक्ति अपने जीवन में समय के मूल्य को जान गया

है, वह अपने जीवन का एक पल भी व्यर्थ नहीं गंवा सकता। वह हर समय किसी न किसी अच्छे काम में ही लगा रहेगा। भले ही वह काम उसके व्यक्तिगत हित के लिए हो या समाज के हित के लिए हो। उसे किसी के अहित के सम्बन्ध में सोचने की फुर्सत ही नहीं मिलेगी। और अच्छे कामों में निरन्तर व्यस्त रहते-रहते वह अनायास ही सफलता की चोटियों पर पहुंच जाएगा।

समय का ज्ञान:

दूसरी अच्छी आदत है समय को पहचानना अर्थात् दूरदर्शिता। समय चूक जाने पर आप भले कितना ही परिश्रम कीजिए, कितना ही धन खर्च कीजिए, जो काम समय पर न करने के कारण बिगड़ चुका है, आप उसे बना नहीं सकते।

इस संबंध में एक बहुत बड़ा उदाहरण न्यू आर्लियन्स नगर का दिया जा सकता है। न्यू आर्लियन्स नगर मिसीसिपी नदी के किनारे बसा हुआ है। जब भी नदी में जोरों की बाढ़ आती तो नदी का पानी नगर में घुस कर तबाही मचा देता था। क्योंकि सामान्य बाढ़ के समय नगर का धरातल केवल पन्द्रह फीट ऊंचा रह जाता था। इसलिए बाढ़ से नगर को बचाने के लिए नगर के चारों ओर एक बांध बना दिया गया ताकि कैसी भी असाधारण बाढ़ क्यों न आए नदी का पानी नगर में न घुस सके। वर्षों तक इस बांध ने नगर की सुरक्षा की, लेकिन सन् 1883 में बांध में एक छोटी-सी दरार पड़ गई। उसमें से थोड़ा-थोड़ा पानी रिसने लगा। बांध की देखभाल करने वालों ने उस दरार को देखा लेकिन दरार छोटी-सी थी इसलिए उसकी किसी ने परवाह ही नहीं की लेकिन निरन्तर पानी रिसते रहने से वह दरार चौड़ी होती गई।

यदि उस दरार को उसी समय पाट दिया जाता तो रेत के कुछ ही बोरे उस दरार को बन्द कर देते और यह काम बहुत ही थोड़े से समय में हो जाता। लेकिन जब दरार काफी बढ़ गई और बाढ़ का पानी नगर की सड़कों तक पहुंच गया तब लोगों ने इस दरार की ओर ध्यान दिया। लेकिन हजारों बोरे बालू लगा देने पर भी हजारों मजदूर और इंजीनियर, उस दरार को पाट

नहीं पाये। लाचार होकर नगर के अधिकारियों ने पचास लाख डालर का इनाम उस व्यक्ति को देने की घोषणा कर दी जो उस दरार को पाट कर नगर को बाढ़ के पानी में डूबने से बचा सके। लेकिन यह घोषणा भी बेकार साबित हुई और बाढ़ के पानी ने न्यूआर्लियन्स नगर को अपनी तूफानी लहरों की चपेट में ले लिया। हजारों लोग बाढ़ के पानी में डूब कर मर गए और करोड़ों डालर मूल्य की सम्पत्ति नष्ट हो गई।

ऐसा केवल इसलिए हुआ कि बांध की देखभाल करने वालों ने समय के औचित्य को नहीं पहचाना। दूरदर्शिता से काम नहीं लिया। और इस जरा-सी असावधानी ने न जाने कितने लोगों को बेसहारा बना दिया और न जाने कितने लाख की सम्पत्ति नष्ट कर डाली।

गतिशीलता:

तीसरी अच्छी आदत है-गतिशीलता। अर्थात् तत्परता या काम में निरन्तर लगे रहना और काम को तेजी से पूरा करना। संसार में ऐसे अनेक उदाहरण मौजूद हैं जहां जरा-सी सुस्ती ने मनुष्यों को ही नहीं राष्ट्रों को ही समाप्त कर डाला। काम में सुस्ती बरतना असफलता की प्रमुख सीढ़ी है। जो भी काम आपको सौंपा जाए या आप स्वेच्छा से जो भी काम कर रहे हों उसमें सुस्ती मत कीजिए। उसे जल्दी से जल्दी समाप्त करने की कोशिश कीजिए; अगर हम समय के पाबन्द न हों तो अवसर चूक जाता है और यदि कोई आवश्यक काम उचित गति से न किया जाए तो किसी को इसका लाभ नहीं पहुंचता।

इसी प्रकार चौथी आदत है-कुशलता। यदि हम समय के पाबन्द न हों तो अवसर चूक जाएगा और हम जो भी काम करेंगे उससे न तो हमें कोई लाभ पहुंचेगा न दूसरों को। लेकिन यदि हम इन तीनों बातों का ध्यान रखें और कुशलता की ओर से आंखें मूंद लें तो उचित समय पर तेजी से किया गया काम भी बेकार ही सिद्ध होता है। इसलिए आवश्यक है कि आप जो भी काम करें उसे पूरी कुशलता के साथ करें।

नदी की धारा के साथ बहते चले जाने में व्यक्ति को कोई कठिनाई नहीं होती। बुरी आदतें नदी की धारा के समान हैं, क्योंकि उन्हें अपनाने में कोई कठिनाई नहीं होती, कोई परिश्रम नहीं करना पड़ता इसलिए लोग बुरी आदतों को बहुत अल्पकाल में अपना लेते हैं, वे उसके प्रवाह में बहते चले जाते हैं। उन्हें इस बात तक का ध्यान नहीं रहता कि आगे चलकर यह धारा कितना ऊंचा प्रपात बनाती हुई धरती पर गिरेगी। वे तो बस आंखें मूंदकर प्रवाह के साथ बहे चले जाते हैं। होश तो तब आता है जब उन्हें वह धारा तूफान की तेजी के साथ सैकड़ों फुट नीचे खड्ड में गिरती दिखाई देती है। तब तक बहुत देर हो चुकी होती है इसलिए वे स्वयं को सैकड़ों फुट की ऊंचाई से सैकड़ों फुट गहरे खड्डे में गिरने से रोक नहीं पाते और हमेशा के लिए जीवन से हाथ धो बैठते हैं।

बुरी संगतिः

मनुष्य में बुरी आदतों के पड़ने का सबसे प्रमुख कारण बुरी संगति है। सामान्य-सी बात है, अगर अच्छे लोगों के साथ बैठेंगे तो आपमें अच्छी आदतें पैदा होगी; और वे अच्छे संस्कार आपके जीवन का अंग बनकर आपमें अच्छी आदतें डालेंगे। इसके ठीक विपरीत अगर आपकी संगति बुरी होगी तो आपमें आदतें बुरी ही पैदा होंगी। बुरे विचार और बुरे संस्कार पैदा होंगे। और तब एक दिन वह आ जाएगा, जब आप अच्छाई के बारे में सोचना भी अनुचित समझने लगेंगे।

आदतें मानवीय स्वभाव का एक ऐसा दुखदायी सिद्धांत हैं, जिन पर हमारा चरित्र और हमारे जीवन की सफलताएं निर्भर करती हैं। अच्छी आदतों से हम उपयोगी कामों में ही लगे रहते हैं। हमारी अच्छी आदतें ही उस काम में सरलता पैदा करती है और उस काम की उपयोगिता को बढ़ाती हैं। व्यक्ति का दूरदर्शी होना बहुत आवश्यक है। दूरदर्शी व्यक्ति अपने भविष्य की रूपरेखा आसानी से बना लेता है। उसे यह पता चल जाता है कि उसे किस समय कौन-सा काम करना है या कौन-सा पहले करना है और कौन-सा बाद में।

बुरी आदतों को अच्छी आदतों में बदलना कठिन तो है, लेकिन असम्भव नहीं है। मान लीजिए, आपने बगीचे में कोई वृक्ष लगाया था लेकिन वह जरा-सा टेढ़ा लग गया। उस समय तो आपने ध्यान नहीं दिया लेकिन जब वह बड़ा होने लगा तो आपकी नजर में उसका टेढ़ापन खटकने लगा। अगर आप उसे बिना किसी सहारे के सीधा करना चाहें तो जब तक आपके हाथों का दबाव उस पर पड़ता रहेगा वह सीधा दिखाई देगा लेकिन जैसे ही आप हाथों से उसे छोड़ देंगे वह फिर टेढ़ा हो जाएगा। हां, अगर आप उसके बराबर में कोई बल्ली गाड़ दें और उससे बांधकर टेढ़े वृक्ष को सीधा कर दें तो एक न एक दिन वह सीधा अवश्य हो जाएगा और तब उससे आपको फूल भी मिल सकेंगे और फल भी। मनुष्य की बुरी आदतें उस टेढ़े वृक्ष के समान ही होती हैं। जिस तरह उपाय करने पर टेढ़े वृक्ष को भी सीधा किया जा सकता है, उसी तरह बुरी आदतों को भी अच्छी आदतों में बदला जा सकता है लेकिन एकदम नहीं। उसके लिए आवश्यकता होती है-परिश्रम, समय और धैर्य की।

धैर्य और परिश्रमः

धैर्य और परिश्रम अच्छी आदतों में से सर्वाधिक मूल्यवान और महत्त्वपूर्ण आदतें हैं। इसका एक जीता जागता उदाहरण है संयुक्त राज्य अमेरिका और कनाडा के बीच स्थित न्याग्रा प्रपात पर बनाया गया पुल।

न्याग्रा प्रपात की चौड़ाई और धारा की तेज गति के कारण यह सम्भव नहीं था कि उसे पार करके लोहे के तारों को एक किनारे से दूसरे किनारे पर पहुंचाया जा सके। क्योंकि वहां न तो स्टीमर चल सकते थे और न नावें। कोई व्यक्ति तैर कर भी लोहे के मोटे-मोटे तारों से बने रस्सों को दूसरे किनारे तक नहीं पहुंचा सकता था। काफी सोच-विचार करने के बाद यह निश्चय किया गया कि जब हवा अनुकूल दिशा में बह रही हो तो एक पतंग उड़ाई जाए और उसे दूसरे किनारे पर उतार दिया जाये। उस पतंग के साथ एक मोटी रस्सी बांध दी जाए ताकि रस्सी दूसरे किनारे पर पहुंच जाये। फिर धीरे-धीरे उससे अधिक मोटी रस्सी, और फिर उससे भी अधिक मोटी रस्सी दूसरे किनारे पर पहुंचायी जाए। और फिर रस्सी की बजाय लोहे के तारों के

बने मोटे-मोटे रस्से दूसरी पार पहुंचाए जायें, इसके लिए विशेष आवश्यकता थी, धैर्य और परिश्रम की।

पुल बनाने वालों ने धीरज से काम लिया और अथक परिश्रम किया। धीरे-धीरे एक-एक करके लोहे के तारों से बने मोटे-मोटे रस्से दूसरी पार पहुंचा दिए गए। उन रस्सों को दूसरे किनारे पर पहुंचाने में काफी समय और परिश्रम लगा, लेकिन अन्त में पुल बन ही गया। इस पुल की गणना संसार के आश्चर्यजनक पुलों में की जाती है। जो मनुष्य के धैर्य, लगन और परिश्रम का एक ज्वलन्त प्रमाण है।

किसी भी बुरे काम को आरम्भ करते समय व्यक्ति को हिचक भी होती है और दुःख भी पहुंचता है। लेकिन फिर धीरे-धीरे हिचक दूर हो जाती है और पीड़ा सहना आदत बन जाती है। सर जार्ज स्टानसन ने इस सम्बन्ध में एक बहुत ही दिलचस्प घटना की चर्चा की है। एक बार वह भारत गये तो उनकी भेंट एक ऐसे व्यक्ति से हुई जिसने एक आदमी को जान से मार डाला था। अदालत ने तो गवाहों के अभाव में उसे बरी कर दिया लेकिन वह स्वयं को अपराधी समझता रहा। उसने पाप का प्रायश्चित करने के लिए निश्चय किया कि वह सात वर्ष तक कीलों से जड़े लकड़ी के तख्ते पर सोयेगा। आरम्भ में तो उसे उन नुकीली कीलों पर सोने में बेहद तकलीफ महसूस हुई लेकिन फिर धीरे-धीरे नुकीली कीलों की चुभन उसकी आदत में शामिल हो गई और उसी पर सोने में उसे आनन्द आने लगा। उसे कीलों की चुभन महसूस ही नहीं होती थी। सात वर्ष के बाद जब उसका प्रायश्चित पूरा हो गया तो उसने कीलों से जड़ा बिस्तर छोड़ दिया और आरामदेह बिस्तर पर सोने लगा। लेकिन उसे रात-भर नींद न आती। परेशान होकर उसने आरामदेह बिस्तर छोड़ दिया और फिर उसी नुकीली कीलों जड़े तख्ते पर सोने लगा। उसे फिर नींद आने लगी। यही स्थिति अपराध की होती है। आरम्भ में अपराध एक नुकीली कीलों से भरे बिस्तर के समान मालूम होता है लेकिन जब धीरे-धीरे नुकीली कीलों से जड़े बिस्तर पर सोने की आदत पड़ जाती है तो उसे रत्ती-भर भी कष्ट नहीं होता। उसकी नैतिक अनुभूति हमेशा-हमेशा के लिए

मर जाती है। इसलिए अपराध करने में उसे एक सुख की अनुभूति होने लगती है।

इसी प्रकार पर्वतारोही कैप्टन एस और उसके साथी नंगी नुकीली चट्टानों और खून को जमा देने वाली हिमशिलाओं पर सोने के इतने आदी हो गए कि आरामदेह बिस्तर पर सोने की अपेक्षा उन्हें लकड़ी की बनी कुर्सियों पर सोने में अधिक आनन्द आने लगा और वे आरामदेह बिस्तर छोड़कर लकड़ी के तख्तों वाली कुर्सियों पर ही जीवन-भर सोते रहे।

इसी प्रकार जब कोई व्यक्ति पानी के जहाज पर नौकरी करने जाता है तो उसे ऐसा अनुभव होने लगता है जैसे यह जहाज नहीं कोई जेलखाना है और वह कैदी बनकर रह गया है। लेकिन धीरे-धीरे उसे आदत पड़ जाती है और जहाजों पर रहना उसे सुखद महसूस होने लगता है।

काडकेम्स ने इसी प्रकार के एक व्यक्ति के बारे में लिखा है। वह एक जहाज पर काम करता था। बरसों तक जहाज पर काम करने के बाद वह रिटायर होकर अपने गांव में रहने लगा तो उसे बड़ी परेशानी हुई। उसे हर समय जहाज की याद सताती रहती थी। उसने अन्त में एक ऊंचा चबूतरा बनवाया और फिर उस पर जहाज के उस तख्ते के आकार का एक ऐसा मचान बनवाया जिस प्रकार के तख्ते पर वह बरसों तक सोता रहा था। उसके साथ ही जहाज के डैक के आकार का एक छोटा-सा डेक बना लिया। वह सारे दिन उसी डैक पर घूमता रहता था जैसे जहाज के डैक पुर घूमा करता था और उसी के तख्ते पर रात को सो जाया करता था।

संसार में कुछ लोग ऐसे भी होते हैं जो ऐसे कामों में जुटे रहते हैं जिनका उन्हें ज्ञान नहीं होता। वे यह नहीं जानते कि जब तक किसी काम का पूरा ज्ञान न हो उस काम को करना बेकार साबित होता है। लेकिन वे प्रयत्न पर प्रयत्न किए चले जाते हैं, ठीक उन दो मल्लाहों की तरह जो एक जहाज पर काम करते थे। एक बार वे किनारे पर गये एक नाव में बैठकर। उन्होंने नाव किनारे पर रोक दी और एक होटल में बैठ कर शराब पीने लगे। जब वे शराब पीते-पीते मदहोश हो गये तो उस नाव में बैठकर जहाज की ओर चल दिये। दोनों ने नाव में सवार होते ही चप्पू चलाना आरम्भ कर दिया। वे

दोनों घंटे-भर तक चप्पू चलाते रहे लेकिन नाव टस से मस नहीं हुई, जहां की तहां खड़ी रही। जब उनका नशा उतरा तो उन्होंने देखा वे लोग अभी तक किनारे पर ही नाव में बैठे हैं। तब एक मल्लाह ने दूसरे से कहा, हम भी कितने बेवकूफ है, हमने लंगर तो उठाया ही नहीं।

रस्किन ने कहा है- मुझे उन नवयुवकों पर दया आती है जो हर काम में लापरवाही बरतते हैं। और इसी लापरवाही के कारण ही हर बात उनके जीवन-मरण का प्रश्न बन जाती है। नवयुवकों को मेरी यही सलाह है कि वे काम छोटा हो या बड़ा, लापरवाही हरगिज न करें। वरना उनके लिए एक ही स्थान रह जाता है जहां पहुंचकर कुछ भी शेष नहीं रहता और वह स्थान है मौत की गोद।

निश्छल मन:

छोटे-छोटे बच्चों में निश्छलता होती है। उनके मन में कपट, बैर और ईर्ष्या तथा द्वेष की भावनाएं नहीं होतीं। वे नहीं जानते कि झूठ किसे कहते हैं। इसीलिए उनके चेहरे पर एक भोलापन रहता है। एक पवित्रता रहती है। ठीक यही स्थिति होती है उन लोगों की जिनमें न कोई बुरी आदत होती है, न बुरी भावना। वास्तव में मनुष्य का चेहरा उसके अन्तर का दर्पण होता है।

इसका एक दिलचस्प उदाहरण है। एक चित्रकार ने सोचा कि निश्छलता का एक चित्र बनाया जाए, उसने एक ऐसे बच्चे का चित्र बनाया जो अपनी मां के साथ घुटनों के बल बैठा था उसके दोनों हाथ प्रार्थना की मुद्रा में जुडे हुए थे। उसकी मासूम आंखें थोड़ी-सी ऊपर की ओर उठी हुई थीं। बच्चे के चेहरे पर कोमलता थी, भोलापन था, भगवान के प्रति असीम श्रद्धा-भावना थी।

चित्रकार को अपना यह चित्र बहुत पसन्द आया। उसे लगा कि उसने सचमुच एक बेहतरीन शाहकार बनाया है। उसने वह चित्र अपने कमरे की दीवार पर टांग दिया। उस चित्र को देखते-देखते उसने सोचा कि जिस तरह उसने एक निश्छल बच्चे का चित्र बनाया है, इसी तरह किसी अपराधी का चित्र बनाया जाए। यह निश्चय करके वह एक जेलखाने में चला गया और

अपराधियों को देखने लगा। उनमें कुछ ऐसे अपराधी थे जिनके चेहरे बता रहे थे कि वे निर्दोष हैं। कुछ ऐसे थे जिनके चेहरे पर अपराध-भावना की हल्की-सी झलक थी। खोजते-खोजते उसे एक ऐसा अपराधी दिखाई दे गया जो एक सीलनभरी कोठरी के नंगे पथरीले फर्श पर पड़ा था। उसके हाथ-पांव हथकड़ियों-बेड़ियों में जकड़े हुए थे। उसका सारा शरीर सूखकर कांटा बन गया था। आंखें अन्दर धंस गई थीं। वह पलपल मौत की ओर बढ़ रहा था, लेकिन फिर भी उसके चेहरे पर उसकी अपराधी मनोवृत्ति स्पष्ट दिखाई दे रही थी।

चित्रकार ने उस अपराधी का चित्र बनाया और दीवार पर लटका दिया। सहसा उसके मन में उस अपराधी के सम्बन्ध में जानने की जिज्ञासा पैदा हो गई। और जब उसने खोज की तो पता चला कि यह अपराधी वही बच्चा था जिसे देखकर उसने निश्छलता का चित्र बनाया था। अच्छी आदतों और बुरी आदतों का मानव के चरित्र पर प्रभाव पड़ना नितान्त स्वाभाविक होता है।

किसी व्यक्ति में अगर एक बुरी आदत पड़ जाती है तो फिर बुरी आदतों का भण्डार बढ़ता ही चला जाता है। अगर आप शैतान के बेटे को अपने घर आमन्त्रित करेंगे तो उसका पूरा कुनबा ही चला आएगा। इसी तरह एक बुरी आदत अपने साथ अनेक बुरी आदतों को लेकर आती है।

कुछ लोग अपने छोटे-मोटे स्वार्थ को पूरा करने के लिये आरम्भ में छोटा-मोटा झूठ बोलने लगते हैं लेकिन धीरे-धीरे झूठ बोलना उनकी एक भीषण आदत बन जाती है कि वे सच बोल ही नहीं पाते।

मनुष्य का मस्तिष्क शरीर के विभिन्न अंगों को अच्छी बुरी आदतों का रास्ता दिखाता है। और फिर शरीर के अंग मस्तिष्क के आदेश पर अच्छे या बुरे काम करने लगते हैं और फिर वे उन कामों को करने के इतने आदी बन जाते हैं कि मस्तिष्क को उन्हें आदेश देने की जरूरत ही नहीं रहती।

व्यक्ति के मस्तिष्क में भले या बुरे विचार उसकी अपनी भली-बुरी आदतों के आधार पर पैदा होते हैं। यदि मनुष्य की आदतें अच्छी होगी तो उसके मस्तिष्क में उठने वाले विचार भी अच्छे ही होंगे। लेकिन अगर आदतें बुरी

होंगी तो सद्विचार उसके मस्तिष्क के आस-पास फटकने नहीं पाएंगे। आदत अच्छी हो या बुरी, दैनिक जीवन का एक अंग बन जाती है।

कभी-कभी ऐसा देखने में आता है कि सदा सच बोलने वाला चरित्रवान् व्यक्ति कोई ऐसा काम कर बैठता है जिससे उसकी सारी मान-प्रतिष्ठा समाप्त हो जाती है। समाज में उसके लिए कोई स्थान नहीं रह जाता है। लोग हैरान हो उठते हैं कि उसने ऐसा घृणित कार्य कैसे कर डाला।

दरअसल उसके मन में अपराधी भावना नहीं होती। वह जानकर कोई घृणित काम नहीं करता; लेकिन कभी वह अपने मन में उठने वाले क्षणिक अपराधी विचारों को या अपने द्वारा अनजाने में हो जाने वाले मामूली से अपराधों को कोई महत्त्व नहीं देता। उन्हें नजरअंदाज कर देता है और यही विचार और धर्म एक दिन इकट्‌ठे होकर भीषण रूप धारण कर लेते हैं और उनकी भीषणता से उत्तेजित होकर वह ऐसा काम कर बैठता है जो उसे नहीं करना चाहिए था।

अगर हममें कोई बुरी आदत पैदा हो गई है तो हम उसे छोड़ सकते हैं। उसे अच्छी आदत में बदल सकते हैं। लेकिन इसके लिए आवश्यकता होगी दृढ़ इच्छा शक्ति की।

2. अन्तरात्मा की आवाज

यदि व्यक्ति के मन में अपनी सफलता के प्रति विश्वास और दृढ़ निश्चय पैदा हो जाए और वह उसे शब्दों द्वारा प्रकट करता रहे तो वह बड़े से बड़े शत्रु को भी पराजित कर सकता है।

इस संसार में कितने ऐसे लोग हैं जो अपनी अन्तरात्मा की आवाज को सुन सकते हैं या फिर उसे अपने शब्दों में व्यक्त कर सकते हैं। अन्तरात्मा और मस्तिष्क में अन्तर है। वही अन्तर मनुष्य के मस्तिष्क में उठने वाले विचारों और अन्तरात्मा से उभरने वाली आवाज में भी है। मनुष्य अपने मस्तिष्क से जो कुछ सोचता है उसे शब्दों में व्यक्त कर देता है। उसके विचार उसके चेहरे से प्रगट हो जाते हैं। मनुष्य का जीवन उसके विकास का प्रतिबिम्ब होता है। उसके मुंह से निकले शब्दों में इतनी शक्ति होती है कि वह सहज ही दूसरे को प्रभावित कर लेती है। उसका स्वभाव भी उसके शब्दों से प्रकट हो जाता है। उसके मुंह से निकलने वाले शब्दों में उसके चरित्र की झलक स्पष्ट दिखाई दे जाती है।

ईसा मसीह ने शब्दों की इसी शक्ति को पहचानकर कहा था, "यह धरती और स्वर्ग नष्ट हो सकते हैं लेकिन मेरे शब्द अमिट और अमर हैं। उन्हें कोई नहीं मिटा सकता। वे शाश्वत हैं, वे कभी नहीं मिटेंगे।"

मस्तिष्क से उभरने वाले विचारों को व्यक्त करने वाले ये शब्द उनकी अपेक्षा कहीं शक्ति-सम्पन्न होते हैं। उनमें इतनी शक्ति होती है कि उनके सामने भौतिक पदार्थ व्यर्थ और शक्तिहीन दिखाई देने लगते हैं। वे केवल दिखाई ही नहीं देते वास्तव में शक्तिहीन और महत्त्वहीन हो जाते हैं।

मनुष्य को जीवन देने वाले शब्द ही तो होते हैं। हम जो भी शब्द अपने मुंह से निकालते हैं उनका दूसरों के हृदय पर अमिट प्रभाव पड़ता है। आप किसी विचार को मन में दोहराइए। आप देखेंगे कि आपके ही विचार का आपके मन पर या आपके जीवन पर कोई प्रभाव नहीं पड़ा है। आपके शरीर के सभी अंग शांत पड़े हैं लेकिन जैसे ही आप अपने उन विचारों को शाब्दिक रूप देंगे, आपकी वाणी से उन शब्दों के प्रस्फुटित होते ही आपकी समस्त शक्तियां एकत्र होकर क्रियाशील हो उठेंगी। आपके शरीर के शांत पड़े अंग हरकत में आ जाएंगे। और यह प्रभाव केवल आपके हृदय या शरीर पर ही नहीं पड़ेगा, उस मस्तिष्क पर भी पड़ेगा जिसने उस विचार को जन्म दिया था और फिर आपके मस्तिष्क में विचारों की एक अजलधारा प्रवाहित हो उठेगी। आपको एक नयी शक्ति और ताजगी का अनुभव होने लगेगा। ऐसा लगेगा जैसे आपको एक नयी जिन्दगी मिल गई है।

वेर्डन के युद्ध में फ्रांस के सेनापति जनरल पेतां ने फ्रांस की सेना में अपने शब्दों द्वारा यह विश्वास भर दिया था कि जर्मन सेनाएं किसी भी दशा में फ्रांस की पवित्र धरती पर कदम नहीं रख पाएंगी। जनरल पेतां के इन्हीं थोड़े से शब्दों ने फ्रांसीसी सेना में एक नयी शक्ति, नई सामर्थ्य और नए विश्वास को इस सीमा तक भर दिया कि जर्मन लोगों की भीषण बम वर्षा की परवाह न करते हुए वे अपने सेनापति के इन्हीं शब्दों का सम्बल लिए आगे बढ़ते चले गए और निरन्तर विजय प्राप्त करते चले गये। विनाशकारी तोपों के गोलों और मृत्यु का भय भी उनके बढ़ते हुए कदमों को नहीं रोक पाया।

और उन्होंने विजयी जर्मनी सेना को रौंद डाला और उसकी विजय को पराजय में बदल दिया।

द्वितीय विश्वयुद्ध में मोर्चे पर मौजूद एक जर्मन अफसर ने अपने संस्मरणों में लिखा है कि फ्रांसीसी सेना के जो जवान युद्ध में मारे गए थे, उनके चेहरों पर एक विलक्षण आत्मविश्वास की झलक थी और जो सैनिक युद्ध क्षेत्र में घावों के कारण बेहोश हो गए थे उनके मुंह से बेहोशी में बड़बड़ाते हुए यही शब्द निकलते थे कि जर्मन सेनाएं फ्रांस की धरती पर कभी भी कदम नहीं रख पाएंगी। इस एक छोटी-सी घटना से स्पष्ट हो जाता है कि यदि व्यक्ति के मन में अपनी सफलता के प्रति विश्वास और दृढ़ निश्चय पैदा हो जाये और वह उसे शब्दों द्वारा प्रकट करता रहे तो वह बड़े से बड़े शत्रु को भी पराजित कर सकता है।

हमारे विचार हमारे मुंह से निकले शब्दों के माध्यम से ही दूसरों तक पहुंचते हैं। अगर आपके शब्दों में प्रेम और प्रेम की भावना भरी होगी तो जिन लोगों के कानों तक आपके शब्द पहुंचेंगे, उनके हृदय में भी प्रेम और मैत्री की भावना उत्पन्न हो जाएगी। लेकिन 'अगर आपके शब्दों में ईर्ष्या, द्वेष, क्रोध तथा घृणा की भावना होगी तो सुनने वाले के हृदय में भी वही भावनाएं जाग उठेंगी और वह आपको अपना बहुत बड़ा शत्रु मान बैठेगा।

वैचारिक शक्तिः

वास्तव में मनुष्य का अन्तःकरण ही उसे प्रेरणा देता है। विचारों की शक्ति भी शब्दों के द्वारा व्यक्त होकर व्यक्तित्व की अभिलाषाओं की पूर्ति करती है लेकिन इसके लिए आवश्यकता इस बात की है कि आपकी विचारशक्ति कितनी प्रबल है। आपकी विचारशक्ति जितनी प्रबल होगी, आपके शब्दों का उतना ही अधिक गहरा प्रभाव सुनने वालों पर पड़ेगा। अन्तःकरण से निकले शब्दों में मस्तिष्क के विचारों से कहीं अधिक शक्ति होती है। उनका प्रभाव अत्यधिक गहरा पड़ता है। आप कहे हुए शब्दों को भूल भी सकते हैं लेकिन जो शब्द अन्तःकरण से निकलते हैं उन्हें भूल जाना सम्भव नहीं होता।

यही कारण है कि हमारे मन पर किसी अच्छे या श्रेष्ठ ग्रन्थ के पढ़ने पर उतना प्रभाव नहीं पड़ता जितना ग्रंथ के विषय को लेकर दिये गये भाषण का पड़ता है। यही कारण है कि कुछ लोग अपने भाषणों और प्रवचनों द्वारा जनता में एक नयी जागृति और एक नयी चेतना भर देते हैं। दूसरों के द्वारा कहे गये शब्दों का ही व्यक्ति के मन पर गहरा प्रभाव नहीं पड़ता, उसके अपने कहे गये शब्द भी अत्यन्त प्रभावशाली होते हैं। यदि आपमें कोई बुराई है तो शब्दों द्वारा किया गया दृढ़ संकल्प उस बुराई को हमेशा के लिए दूर कर सकता है।

आत्मिक उद्धार:

क्योंकि दृढ़ता और संकल्प की भावना से कहे गए शब्दों का व्यक्ति के हृदय पर ही नहीं उसके जीवन पर भी गहरा प्रभाव पड़ता है। वे शब्द व्यक्ति के जीवन और चरित्र पर जादू का सा प्रभाव डालते हैं और शब्दों की यही शक्ति व्यक्ति के सम्पूर्ण जीवन को एक नयी दिशा दे देती है।

आपने इस बात का अनुभव अवश्य किया होगा और दूसरों से भी सुना होगा कि व्यक्ति अपने मन से बातें कर सकता है और मन भी अन्तःकरण से निकलती हुई बातों को सुनकर स्वीकार कर लेता है। आप अपने मन से जो बातें करते हैं, अगर मौन रहकर बातें करने के बजाय आप उन शब्दों को वाणी दे दें तो उनका प्रभाव और भी अधिक गहरा पड़ेगा। ऐसे अनेक उदाहरण मौजूद हैं जब निरन्तर असफलताओं का सामना करते आ रहे हताश हो जाने वाले व्यक्तियों ने अपने मन से बात की है तो सफलता उनके चरण चूमने लगी है।

एक व्यक्ति जो बेहद दयालु और लजीला था। उसका स्वभाव बहुत ही संकोची था। वह दूसरों के सामने आने और बात करने से कतराता था। उस व्यक्ति में आत्मविश्वास था ही नहीं। उसका ख्याल था कि दूसरे लोग उसे बेईमान समझते हैं जबकि वह ईमानदारी से अपना जीवन व्यतीत कर रहा है। वास्तव में वह बहुत ही ईमानदार और मेहनती था। अचानक उसके हाथ एक ऐसी पुस्तक लग गई जिसमें लिखा था कि यदि कोई व्यक्ति खुले शब्दों

में मन से बात करे तो उसमें एक नया उत्साह पैदा हो जायेगा और उसकी समस्त दुर्बलताएं दूर हो जायेंगी।

उस व्यक्ति ने उस पुस्तक के इस सुझाव को मान लिया और खुले शब्दों में अपने मन से बात करना शुरू कर दिया। धीरे-धीरे उसके विचारों में, उसके स्वभाव में अनोखा परिवर्तन आने लगा। उसकी सोई हुई शक्तियां जागने लगीं। हीनभावना समाप्त हो गई। उसे दूसरों से मिलने और बातचीत करने में जो हिचक और झिझक होती थी, वह समाप्त हो गई। वह लोगों के साथ खुलकर बातचीत करने लगा।

यहां तक कि वह एक सामाजिक संस्था के समारोहों में भाषण देते-देते एक दिन उस संस्था का अध्यक्ष बन गया। अब उसमें आत्मविश्वास इस सीमा तक पैदा हो गया कि उसके मन में अपनी शक्तियों के प्रति जो अविश्वास था, समाप्त हो गया।

इस प्रकार खुले शब्दों में स्वयं से बातचीत करके कोई भी व्यक्ति अपने अन्दर की सोई हुई शक्तियों को जगा सकता है और उनके द्वारा अत्यधिक शक्तिशाली बन सकता है।

अपनी शक्ति को जानिए:

यह जानकर आपको आश्चर्य होगा कि हर व्यक्ति के अन्दर अनेक शक्तियां होती हैं लेकिन तब तक सोई रहती है जब तक कि उन्हें जगाया न जाये। उनके जागते ही व्यक्ति में आत्मविश्वास भी जाग उठता है। और फिर वह किसी भी काम को बड़ी आसानी से कर पाने में सफल हो जाता है।

जिन लोगों में आत्मविश्वास की कमी हो, उन्हें तीन बातें हमेशा दोहराते रहना चाहिये-

1. मैं हर काम को कर सकता हूं।
2. मुझमें इस काम को पूरा करने की शक्ति है।
3. मैं इस काम को पूरा करके ही दम लूंगा।

इन तीन वाक्यों को अगर आप दोहराते रहेंगे तो विश्वास कीजिये, आपकी काम करने की शक्ति दोगुनी हो जायेगी। आपमें आत्मविश्वास पैदा होगा और निरन्तर बढ़ता ही चला जायेगा।

अगर किसी करण आप अपनी वर्तमान स्थिति से संतुष्ट नहीं हैं, या फिर आप ऐसा महसूस कर रहे हैं कि अनुकूल प्रगति नहीं कर पा रहे या कोई ऐसी बाधा है जो आपको आगे बढ़ने से रोक सकती है तो आप उस बाधा को खोजिये, और आप उस बाधा को तभी खोज पायेंगे जब आप स्वयं से खुले शब्दों में बात आरम्भ कर देंगे।

आत्म विवेचन:

अपने अन्तःकरण में झांककर देखिये, अपनी क्षमताओं और अपनी शक्तियों को टटोलिये और फिर एकांत में बैठकर स्वयं से पूछिये, क्या कारण है जो तुम आगे नहीं बढ़ पा रहे हो? तुम्हारे साथी कहां के कहां पहुंच गये। क्या तुममें योग्यता उनकी अपेक्षा कम है? वह कौन-सी बाधा है जो तुम्हारी प्रगति की राह में रोड़े अटका रही है? तुम उस रुकावट को अपने रास्ते से हटा क्यों नहीं देते? हटा दो उस बाधा को।

आप अपने गुणों और दोषों पर विचार कीजिए। सोचिये, आपमें उत्साह है या नहीं, आपमें उत्साह और धैर्य है या नहीं? आपमें आत्मविश्वास की कमी तो नहीं है? आपको पता चल जायेगा कि आप में गुण अधिक हैं या दोष अधिक हैं। जब आपको अपने गुण और दोषों का पता चल जायेगा तो आप स्वयं ही जान जायेंगे कि वह कौन-सी बाधा है जो प्रगति की ओर बढ़ते हुए आपके कदमों को रोक लेती है। और जब आपको बाधा का पता चल जाये तो अपने उन दोषों को दूर करने का प्रयत्न कीजिये जिनके कारण यह बाधा पैदा हुई है। जिस दिन आपके वे दोष दूर हो जायेंगे, बाधा स्वयं ही समाप्त हो जायेगी। उसके बाद आप देखेंगे कि सफलता स्वयं ही आपके निकट आती चली जा रही है। आपका लक्ष्य आपके निकट आता जा रहा है।

हीन भावना:

कुछ ऐसे व्यक्ति होते हैं जिनमें आरंभ से ही हीन भावना पाई जाती है और जीवन के आरम्भ में ही पैदा होने वाली हीन भावना जीवन के अन्त तक पीछा नहीं छोड़ती। हीन भावना से ग्रस्त आदमी कहीं का नहीं रहता। जीवन में असफलताओं के अतिरिक्त उसके हाथ कुछ नहीं लगता। उसमें आत्मविश्वास का नामो-निशान नहीं होता। जबकि जीवन-पथ पर आगे बढ़ने

के लिये, जीवन में सफलताएं प्राप्त करने के लिये आत्मविश्वास की सबसे अधिक आवश्यकता होती है। स्वयं में आत्मविश्वास पैदा करने का एकमात्र उपाय है-स्वयं से बातें करना।

आप एक नियम बना लीजिये और निश्चित समय पर कहीं एकान्त में बैठकर अपने आपसे खुले शब्दों में कहिए-मैं भी तो उसी परमपिता परमात्मा की सन्तान हूं जिसने संसार के अन्य लोगों को पैदा किया है। उसका अंश मेरे अन्दर भी विद्यमान है, उसने मुझे भी वे सभी शक्तियां प्रदान की है जो दूसरों को दी हैं। उसकी दिव्य शक्तियों का अपार भण्डार मुझे भी प्राप्त है। वे शक्तियां मेरी सहायक हैं। उन्हीं के कारण सफलता हर पल मेरे साथ रहती है। वह मेरी दासी है। मैं जब भी चाहूं उसे प्राप्त कर सकता हूं। मुझमें शक्ति का अभाव नहीं है। न मैं स्वयं को दीन-हीन मानता हूं न स्वयं में विद्यमान ईश्वरीय शक्तियों की उपेक्षा या अनादर करता हूं। स्वयं को दीन-हीन मानना तो परमपिता परमात्मा का अपमान करना है। यह तो जघन्य अपराध है। मैं ऐसा अपराध कभी नहीं कर सकता।

मैं उस परमपिता परमात्मा का अंश हूं। मुझमें समस्त दिव्य शक्तियां विद्यमान हैं। लेकिन मुझे इस बात का ज्ञान ही नहीं था। इसलिए मैं अब तक पिछड़ता रहा था। लेकिन अब ऐसा नहीं होगा। मुझे अपनी क्षमता, शक्ति और योग्यता का पता चल गया है। मैं अपनी बुद्धि तथा अपनी सम्पूर्ण शक्तियों के साथ बड़े से बड़े संघर्ष का सामना करूंगा। देखता हूं मेरे पथ में कौन-सी बाधा आती है। मैं उस बाधा को नष्ट कर दूंगा। मुझमें नये सिरे का आत्मविश्वास जन्म ले चुका है। जीवन का कोई ऐसा क्षेत्र नहीं है जिसमें मुझे विजय प्राप्त न हो।

शब्द शक्तिवान हैं इसलिए यदि आप स्वयं से खुले शब्दों में बातें करेंगे तो आपके जीवन में एक आश्चर्यजनक परिवर्तन आ जायेगा। और आपमें उत्साह, साहस, धैर्य आत्मविश्वास आदि जिन गुणों का अभाव होगा उसकी भी पूर्ति हो जाएगी। आप निरन्तर अपने आपसे कहते रहिए, दृढ़ निश्चय और अटूट विश्वास की शक्ति आपको प्राप्त है। और मुझमें वैसा ही दृढ़ निश्चय और अटूट विश्वास है। मेरा लक्ष्य मेरे सामने है, मैं इसे पाकर ही रहूंगा।

भले ही आपमें इस गुण का अभाव न हो। लेकिन अगर आप इन शब्दों को दोहराते रहेंगे तो आपके इन गुणों में वृद्धि होती चली जायेगी और आप अधिकाधिक शक्ति-सम्पन्न बनते चले जायेंगे।

प्रतिदिन अपने आपसे कहते रहिए-क्योंकि मुझमें इतनी क्षमता, योग्यता और शक्ति है कि जो भी चाहूं उसे प्राप्त कर सकता हूं। इसलिए मैं सर्वाधिक गौरवपूर्ण पद प्राप्त करके रहूंगा। अगर मेरे मार्ग में कोई बाधा आयेगी या मुझे संघर्ष का सामना करना पड़ेगा तो मैं दुगुने साहस और शक्ति से उसका मुकाबला करूंगा। मैं दूसरों के केवल गुणों को देखता रहूंगा, उनके अवगुणों से कोई सरोकार नहीं रखूंगा। मैं निरन्तर दूसरों की भलाई करता रहूंगा। अब मैं उन्हीं वस्तुओं और सफलताओं को प्राप्त करने का प्रयास करूंगा जो मानव-जाति के लिये हितकर सिद्ध हो सकेगी।

इन शब्दों को निरन्तर दोहराते-दोहराते आपका अहम समाप्त हो जायेगा। आप निरभिमानी बन जायेंगे। आपका मैं-मैं नहीं रहेगा, उसका अर्थ सात्विक बन जाएगा, आत्मा बन जायेगा और तब आपका सीधा सम्बन्ध परमात्मा से जुड़ जाएगा।

जब आप इन शब्दों को निरन्तर दोहराते रहेंगे तो यही शब्द आपके लिये महामन्त्र बन जायेंगे, जो आपको असीम शक्ति प्रदान करेंगे। याद रखिये, आप उस परमपिता के अंश हैं जो संसार का स्रष्टा है, स्वामी है। उसमें और आपकी आत्मा में कोई अन्तर नहीं है। आप और परमात्मा एक ही व्यक्ति के दो रूप हैं। क्योंकि परमात्मा सर्वशक्तिमान है इसलिए उसका अंश होते हुए, आप शक्तिहीन कैसे हो सकते हैं?

3. शक्ति का वास्तविक स्रोत

प्रत्येक व्यक्ति में ऐसी शक्ति होती है जिसे कोई भी बुराई समाप्त नहीं कर सकती-वह है ईश्वरीय शक्ति। इसी शक्ति से किसी भी बुराई या दुर्गुण का अन्धकार पल-भर में छिन्न-भिन्न हो जाता है।

आत्मा परमात्मा का अंश है। इसलिये मनुष्य को वही काम करने चाहिए, जिनका उसकी आत्मा समर्थन करती हो। जब आत्मा काम का समर्थन करती है तो उस पर मनुष्य को अधिक सोच-विचार करने की आवश्यकता ही नहीं पड़ती। आत्मा द्वारा प्रेरणा मिलने पर वह काम स्वतः ही होता चला जाता है।

जब आत्मा किसी काम को करने की प्रेरणा दे तो न अधिक सोच-विचार करने की आवश्यकता है और न दुविधा में पड़ने की। अन्धकार को प्रकाश में बदलना ही मानव जीवन का प्रमुख लक्ष्य होता है और यह लक्ष्य ही उसका सबसे महत्त्वपूर्ण आदर्श होता है। अगर आप किसी व्यक्ति को अपना आदर्श मानते हैं तो वह व्यक्ति ऐसा होना चाहिए जिसका चरित्र निष्कलंक हो और

जिसकी कार्य-कुशलता, योग्यता, आत्मविश्वास तथा अन्य गुणों की लोग मुक्तकंठ से प्रशंसा करते हों। ऐसा ही आदर्श व्यक्ति आपको भले कामों की प्रेरणा देता है।

सपनों को साकार करिये:

जब आप कोई नया काम आरम्भ करेंगे, भूल होना स्वाभाविक है। लेकिन उससे घबराकर उस काम से हाथ खींच लेना उचित नहीं है। किसी संकट को देखकर घबरा उठना और फिर कदम पीछे हटा लेना कायरता की पहली निशानी है। लेकिन यह कह देना ही काफी नहीं है कि मैं कायर नहीं हूं मैं पीछे नहीं हटूंगा। आपको इन शब्दों को साकार बनाना होगा।

इन शब्दों को साकार स्वरूप देने के लिये आवश्यकता होती है अटूट आत्मविश्वास की। अपने मन में इस विश्वास को दृढ़ बनाते जाइये कि आपमें इतनी शक्ति है कि आप इन शब्दों को साकार बना सकते हैं और यह शक्ति आपके समूचे व्यक्तित्व से, आपके कामों से प्रकट होनी चाहिए। स्वयं को ही आदर्श मानिये और अपनी सफलताओं से दूसरों को प्रेरणा दीजिए। उन्हीं व्यक्तियों को सफलता और विजय प्राप्त होती है जो दूसरों की विजय तथा सफलता की कामना ही नहीं करते, बल्कि उसे सहयोग भी देते हैं।

सुप्रसिद्ध विचारक हेलन ने कहा है- "वही व्यक्ति जीवन में सफलता प्राप्त कर सकता है जो आशावादी होता है। जब तक किसी व्यक्ति के मन में आशा ही नहीं होगी वह कोई काम नहीं कर सकेगा।" जो व्यक्ति आशावादी होते हैं उनमें रचनात्मक शक्ति होती है, कार्य करने की क्षमता और शक्ति होती है। वह काम में निरन्तर जुटे रहने पर भी हर पल प्रसन्नचित्त रहते हैं। लेकिन निराशावादी व्यक्ति की सम्पूर्ण शक्ति और क्षमता उसकी निराशा समाप्त कर देती है। वह कभी प्रसन्न रह ही नहीं सकता। हर समय उदास और दुखी रहता है। और यह उदासी और दुःख ही उसके प्रगतिपथ की सबसे बड़ी बाधाएं बन जाती हैं। आशा एक प्रकाश के समान होती है। वही जीवन की उकताहट और उदासी को दूर करती है। वही मार्ग में आने वाली बाधाओं और

संकटों का सामना करने की शक्ति प्रदान करती है। और वही जीवन को रसमय और मधुर बनाती है।

दो व्यक्तियों को लीजिए। एक आशावादी और दूसरा निराशावादी। भले ही उनमें समान योग्यताएं हों लेकिन आशावादी व्यक्ति निराशावादी व्यक्ति की अपेक्षा अधिक कार्य कर सकेगा। उसका शरीर सदैव स्वस्थ रहता है जबकि निराशावादी व्यक्ति का शरीर चिन्तित और चिड़चिड़ा रहने के कारण अस्वस्थ होता रहता है। उसका मन किसी काम को करने में नहीं लगता। उसके शरीर रूपी यन्त्र के पुर्जे जल्दी घिस जाते हैं और शरीर बहुत जल्दी नष्ट हो जाता है।

चार्ल्स फिसले का कथन है- "मैंने जिन व्यक्तियों को सफलता प्राप्त करते देखा है, वे हमेशा प्रसन्नचित्त और आशावान रहा करते थे। किसी भी काम को आरम्भ करते समय उनके मुख पर जो मुस्कान खेलती रहती थी तथा पौरुष की जिस चमक से उनका चेहरा दमकता रहता था, उसी के कारण वे अवसर का लाभ उठाते गये और सफलता प्राप्त करते गये। उन्होंने कठोरता को कठोर बन कर सहन किया और कोमलता के प्रति उनके अन्तर में सदैव कोमलता ही रही।"

प्रसन्नता एवं बीमारियाँ:

सुप्रसिद्ध डाक्टर जे. सेन्डरसन ने लिखा है- "बीमारियों से दूर रहने और स्वस्थ रहने में सर्वाधिक महत्त्वपूर्ण योगदान प्रसन्नता का होता है। प्रसन्नता का प्रभाव किसी दवा की तरह शरीर के कोशों को उत्तेजित नहीं करता, उन्हें जीवन-शक्ति प्रदान करता है और प्राकृतिक मार्गों से उसकी अनुभूति शरीर के प्रत्येक अंग को होती रहती है। जो लोग सदैव प्रसन्न रहते हैं, उनकी आंखें तेजी से चमकती रहती हैं, उनकी चाल में एक मस्ती-भरी लचक आ जाती है और चेहरे पर एक रक्तिम आभा और ताजगी झलकती रहती है जिसे देखकर अन्य लोग भी प्रसन्न हो उठते हैं। जो लोग प्रसन्न रहते हैं उनके तन्त्रिका कोशों में ऑक्सीजन स्वच्छन्द रूप से प्रवाहित रहती है, उसी से उन्हें

रोग-निरोधक शक्ति प्राप्त होती है जो निरन्तर बढ़ती चली जाती है। और उनका स्वास्थ्य दिन-ब-दिन बेहतर बनता जाता है।"

अभी कुछ बरस पहले की बात है- एक किसान के फेफड़ों में कोई बीमारी थी। एक दिन हल चलाते हुए उसे खून की उल्टी हो गई। वह चिकित्सक के पास गया। चिकित्सक ने कहा, "तुम्हारे फेफड़े गल गये हैं। अब तुम्हारी जिन्दगी के दिन बहुत ही थोड़े रह गये हैं।"

चिकित्सक की बात सुनकर किसान घबराया नहीं। उसने दृढ़ता भरे स्वर में बहुत ही शान्त भाव से कहा- "नहीं, मैं अभी नहीं मरूंगा।" वह बिना कोई दवा लिये घर चला आया। उस दिन के बाद से उसकी शारीरिक शक्ति दिन-ब-दिन बढ़ती चली गई। और उसका रोग बिना किसी दवा के ही समाप्त होता चला गया। इसका मुख्य कारण यह था कि उसने हर समय प्रसन्न रहना शुरू कर दिया। वह छोटी-से-छोटी बात पर भी ठहाका मारकर हंसने लगा। जिन बातों पर हंसने का कोई प्रश्न ही नहीं उठता था, वह उन बातों पर भी खिलखिलाकर हंस पड़ता था। जैसे-जैसे वह मनमौजी बनता गया, उसका रोग घटता गया और एक दिन बिल्कुल समाप्त हो गया।

अगर वह किसान प्रसन्नचित्त रहना शुरू न कर देता, बात-बात पर हंसने की आदत न बना लेता तो वह वास्तव में मर जाता।

इसी प्रकार हंसी एक ऐसी अचूक दवा है जिससे भयंकर से भयंकर रोगों को दूर किया जा सकता है। शरीर को रोगमुक्त करके स्वस्थ बनाया जा सकता है। शरीर में इकट्ठे हो गये विजातीय तत्त्वों को नष्ट किया जा सकता है। हंसी एक ऐसी दवा है जिसके लिए रोगी को एक पैसा खर्च नहीं करना पड़ता।

दूसरों के गुण, अवगुण:

दूसरों में गुणों को तलाश कीजिए। उनके अवगुणों को नजर-अंदाज कर दीजिए। यह जीवन का एक महत्त्वपूर्ण सिद्धांत है। जो व्यक्ति हर समय दूसरों में दोष ही निकालता रहता है, दूसरों की निन्दा करता रहता है, उनकी शिकायतें करता रहता है, उसका अपना आत्मविश्वास समाप्त हो जाता है,

उसमें हीनभावना पैदा होने लगती है। वह यह मान बैठता है कि वह अपने जिस शत्रु की बुराइयां खोज रहा है, निन्दा और शिकायतें कर रहा है वह उससे कहीं अधिक शक्ति-सम्पन्न है। पराजय की यह भावना उसकी सफलता की राह में अनेक बाधाएं खड़ी कर देती है। उसके गुण और शक्तियां नष्ट हो जाती हैं।

सबसे पहले नष्ट होती है उसकी प्रसन्नता। वह हर समय तनाव महसूस करता रहता है। उसके तन-मन में उत्तेजना बनी रहती है। अगर वह दूसरों की निन्दा और शिकायत करना छोड़ दे तो उसकी खोई हुई प्रसन्नता फिर लौट आयेगी। सोई हुई शक्तियां फिर जाग उठेंगी। उसमें आत्मविश्वास पैदा हो जायेगा और आत्मविश्वास से आयेगी दूरदर्शिता। तब वह अपने विरोधी के अवगुणों की बजाय उसके गुणों की खोज में लग जायेगा, ताकि स्वयं में उन गुणों को बढ़ाकर अपने विरोधी को पराजित कर सके।

एक महान् दार्शनिक का कहना है कि जहां तक मेरा वश चलता है, मैं किसी भी बात से अपने मन को दुखी नहीं होने देता। मेरा विश्वास है कि जो कुछ भी होता है, अच्छा ही होता है।

स्वयं भी प्रसन्न रहिए और दूसरों को भी प्रसन्न रखिये लेकिन यह याद रखिए कि आप दूसरों को तभी प्रसन्न रख पायेंगे, जब आप स्वयं प्रसन्न रहेंगे। यह प्रसन्नता आपके स्वास्थ्य के लिए बहुत ही हितकर सिद्ध होगी। क्योंकि जब मन शान्त रहता है तो मनुष्य के शरीर के अंग-प्रत्यंग विधिवत अपने-अपने काम में लगे रहते हैं और शरीर के सभी अंगों में पूरी तरह समन्वय और सामंजस्य बना रहता है। वे पूर्ण रूप से संचालित रहते हैं जिसके कारण व्यक्ति अपनी पूरी शक्ति, क्षमता और योग्यता के साथ अपने कामों को करता रहता है। जो लोग दुखी रहते हैं वे किसी भी काम को कर पाने में कभी समर्थ नहीं हो पाते।

उत्तेजना:

क्षणिक उत्तेजना सोडे की बोतल के उबाल की तरह होती है। उस क्षणिक उत्तेजना में किया गया कार्य न तो पूरा ही होता है और न उससे किसी को

लाभ ही पहुंचता है। जो काम शान्त मन से किए जाते हैं वे सफल, चिरस्थाई और प्रभावशाली होते हैं। क्योंकि शान्तचित्त रहने वाले व्यक्ति में उसकी समस्त शक्तियां स्वाभाविक रूप से बनी रहती हैं। और स्वाभाविक रूप से ही अपना काम करती रहती हैं।

जिस व्यक्ति का मन शान्त रहता है वह न तो कभी असन्तुष्ट होता है, न चिन्तित और महत्त्वाकांक्षी। वह अपनी सामर्थ्य से परिचित होता है इसलिए अपना काम स्वाभाविक रूप से निहायत ईमानदारी के साथ करता रहता है। वह किसी आवेश में आकर किसी के प्रति अन्याय नहीं कर पाता। उसमें आलस्य भी नहीं आने पाता, वह निरन्तर शान्त भाव से अपना काम करता रहता है।

किसी ऐसे व्यापारी को लीजिये जो हमेशा प्रसन्नचित्त रहता हो। प्रसन्नचित्त रहने के कारण उसमें विनम्रता और शान्ति बनी रहती है। और व्यापारिक कार्यकुशलता के लिए ये दोनों गुण सर्वाधिक महत्त्वपूर्ण हैं। वह अपनी विनम्रता से ग्राहकों को बड़ी सहजता से अपनी ओर आकर्षित कर लेता है। उसी व्यवहार-कुशलता से प्रसन्न होकर जो व्यक्ति उसके साथ व्यापारिक सम्बन्ध बना लेता है उसके सम्बन्ध स्थायी होते हैं।

कोई भी व्यक्ति उस मनहूस चेहरे को देखना पसन्द नहीं करेगा जिसे देखते ही उसका मन क्रोध और घृणा से भर उठे, तन-मन में तनाव पैदा हो, उसकी कार्यक्षमता में व्यवधान आये। हर व्यक्ति ऐसे मुस्कराते हुए चेहरे को देखना पसन्द करता है जिसे देखकर उसे खुशी हासिल हो और कार्य करने की प्रेरणा मिले।

शिष्टाचार और विनम्रता:

पुराने और आज के व्यापारिक क्षेत्र में बहुत बड़ा परिवर्तन आ गया है। व्यापार के सारे रंग-ढंग और तौर-तरीके बदल गए हैं। व्यावसायिक दृष्टिकोण बदल गये हैं। अब पहले जैसा उल्लास व्यापारियों में देखने को नहीं मिलता। वातावरण में गम्भीरता दिखाई देती है। इसका प्रभाव व्यापारिक क्षेत्रों में कार्य करने वालों पर ही नहीं, खरीदार पर भी पड़ा है। व्यापारी की विनम्रता

और व्यवहार-कुशलता उसके और खरीदार के बीच जो सम्बन्ध स्थापित कर देती थी, वे सम्बन्ध समाप्त हो गये हैं।

बड़े-बड़े व्यापारिक संस्थानों में ऐसे सेल्समैन रखे जाते हैं जो हर समय प्रसन्नचित्त रहते हों। जिनके होंठों पर हर समय मुस्कराहट खेलती हो। जो शिष्टाचार और व्यवहार को जानते हैं। ऐसे हंसमुख सेल्समैन ग्राहक को बड़ी आसानी से और अधिक से अधिक संख्या में प्रभावित तथा आकर्षित कर लेते है। उनकी ये आदतें एक दिन उन्हें सफलता की चोटी पर पहुंचा देती हैं और भविष्य में व्यापार की उन्नति में सहायक सिद्ध होती हैं।

इसी प्रकार जो लोग अच्छे समाचार पत्रों के संवाददाता के रूप में काम करते हैं उनका भी हंसमुख होना बहुत जरूरी है। वे अपनी व्यवहार-कुशलता से दूसरे लोगों से ऐसे तथ्य उगलवा लेते हैं जो उनके समाचार पत्र की बिक्री को बढ़ा देते हैं।

यह तो सामान्य-सी बात है कि जो लोग हर समय प्रसन्नचित्त रहते हैं, हमेशा मुस्कुराते रहते हैं, हर व्यक्ति उन्हें अपने पास बैठाना और उनके पास बैठना पसन्द करता है। उनके साथ रहने पर उसे समय तक का ध्यान नहीं रहता। लेकिन जिन लोगों के चेहरों पर तनाव और स्वभाव में चिड़चिड़ापन होता है न तो कोई उन्हें बैठाकर खुश होता है, न उनके पास बैठकर। ऐसे लोगों के मित्र या तो होते ही नहीं हैं और अगर एकाध होता भी है तो उन्हीं जैसे रोने स्वभाव का।

अनेक व्यापार हैं जो व्यापारी या सेल्समैन के मधुर स्वभाव, विनम्र व्यवहार और उनके हर समय प्रसन्न रहने पर आधारित होते हैं। व्यापारिक संस्थानों में जो लोग काम करते हैं उनमें जो हर समय प्रसन्नचित्त रहते हैं, जिनमें विनम्रता तथा शान्ति होती है-वे दिन-पर-दिन उन्नति करते चले जाते हैं। मालिक इस प्रकार के कर्मचारियों का विशेष ध्यान रखते हैं। देखते ही देखते उनका वेतन दस वर्ष पूर्व आए हुए कर्मचारियों से अधिक हो जाता है। अगर वे उस संस्थान से नौकरी छोड़ दें तो दूसरा कोई भी संस्थान उन्हें उससे भी अधिक वेतन पर अपने यहां रखने को इच्छुक रहता है। क्योंकि व्यापारिक क्षेत्र के सभी लोग उनके गुणों से भली-भांति परिचित हो जाते हैं।

एक व्यापारिक संस्थान में काम करने वाली एक महिला ने लिखा है कि एक दिन जब मैं सबेरे काम पर जाने लगी तो मैंने यह निश्चय किया कि मैं आज पूरे दिन प्रसन्न रहूंगी और अपनी प्रसन्नता का प्रभाव देखूंगी। क्योंकि मैं जितनी देर भी काम पर रहती थी, खामोश रहती थी। भावहीन रहता था मेरा चेहरा। कुछ सनक भी थी। लेकिन यह निश्चय करने के बाद अपने काम पर जाते हुए मैं हर कदम पर अपने निश्चय को दोहराती गई कि मैं आज प्रत्येक दशा में प्रसन्न रहूंगी। मैं देखूंगी कि मेरे साथ और लोग भी प्रसन्न रहते हैं या नहीं। केवल इस विचार से हो उसकी चाल में परिवर्तन आ गया।

उसे ऐसा महसूस होने लगा जैसे वह हवा में उड़ रही हो। उसके चेहरे पर अनजाने में ही मुस्कुराहट नाच उठी। जब वह घर से निकलकर गली में से गुजरने लगी तो उसने आने-जाने वाली स्त्रियों को देखा। उनके चिन्ता, दुःख, असन्तोष और तनाव से भरे चेहरों को देखकर उसका हृदय भर आया। उसका जी चाहा कि अपनी प्रसन्नता में से थोड़ी-सी प्रसन्नता उन्हें बांट दे। जब वह अपने ऑफिस में पहुंची तो उसकी नजर सबसे पहले एकाउन्टेन्ट पर पड़ी। उसने अभिवादन किया तो वह उत्तर में मुस्कुरा दिये। यह एक नयी बात थी। उसके अभिवादन पर ऑफिस के एकाउन्टेन्ट का मुस्कराना अन्य दिनों के विपरीत था। क्योंकि वह स्वयं हमेशा खामोश रहती थी, इसलिए एकाउन्टेन्ट भी उसके अभिवादन का उत्तर खामोशी से ही दिया करते थे। उस दिन उसके चेहरे पर प्रसन्नता देखकर उन्होंने मुस्कराते हुए प्रसन्नतापूर्वक उत्तर दिया। उस दिन उसके सहयोगी भी पूरी तरह प्रसन्न रहे। ऑफिस का वातावरण हर्ष भरा और उल्लासपूर्ण रहा।

उस दिन के इस आश्चर्यजनक अनुभव के बाद उसने हर समय प्रसन्न रहने का निश्चय कर लिया। इसका परिणाम यह हुआ कि घर और ऑफिस में सदा उपेक्षा की दृष्टि से देखे जाने वाली उस महिला के प्रति लोगों के मन में सद्भावना, सहानुभूति, स्नेह और सम्मान की भावना पैदा हो गई।

यदि आप स्वयं इस फार्मूले को आजमाये तो देखेंगे कि जब तक आप आधा रास्ता तय करेंगे, बहुत से लोग आपसे मिलने आ जायेंगे। भले ही आपके बाल सफेद हो चुके हों, यदि आप यह संकल्प कर लें कि आप हमेशा

नौजवानों की तरह प्रसन्न और उत्साहित रहेंगे। अनिच्छा होते हुए भी बर्दाश्त करेंगे। दूसरों की इच्छाओं को पूरा करेंगे। दूसरों के लिये जियेंगे। हर समय प्रसन्नता के फूल बरसाते रहेंगे, तो आप देखेंगे कि आपके चारों ओर प्रसन्नता के फूल ही फूल खिल उठे हैं। हर व्यक्ति आपको स्नेह करने लगा है और तब भगवान् भी आपको सुख, शान्ति, सन्तोष और सफलता प्रदान करने लगेगा।

हंसमुख व्यक्तित्व:

इस संसार में कदम-कदम पर दुःख और कष्ट हैं। हमें चार कदम पर तरह-तरह की बाधाओं का सामना पड़ता है। हम चार कदम चलकर ही थककर और निराश होकर राह में ही बैठ जाते हैं। ऐसे कठिन मार्ग को पार करने के लिए एक ऐसे व्यक्ति की आवश्यकता होती है जो चलने वालों को प्रोत्साहन देता रहे। अपने हर्ष उल्लास के प्रयास से उनका पथ आलोकित करता रहे।

प्रसन्नता मनहूसियत की दुश्मन है। जो लोग हर समय मनहूसियत से घिरे रहते हैं, जिनके चेहरों पर हमेशा उदासी बनी रहती है, वे स्वयं तो दुखी रहते ही हैं दूसरों के मन को भी दुःख पहुंचाते हैं। लेकिन जो लोग हर समय प्रसन्न रहते हैं, वे चाहते हैं कि दूसरे भी उन्हीं की तरह प्रसन्न रहें।

जिन लोगों के पास प्रसन्नता की दौलत होती है उनके सामने भौतिक सम्पति और जमीन-जायदाद का कोई मूल्य नहीं होता। उन्हें भौतिक सुख-सम्पदायें तुच्छ दिखाई देती हैं। प्रसन्नता की किरणों में सौन्दर्य की अपेक्षा शक्ति अधिक होती है। योग्यता की तुलना में भी प्रसन्नता का मूल्य कहीं अधिक होता है। प्रसन्नता व्यक्ति के व्यक्तित्व को योग्यता की अपेक्षा कहीं अधिक आकर्षक और दिव्य बना देती है। प्रसन्नता विश्व का ऐसा महान ऐश्वर्य है जिसे पाकर इन्सान को और कुछ पाना शेष नहीं रहता। वह जहां कहीं भी जाता है प्रसन्नता का आलोक उसके साथ जाता है और वहां फैले दुःख तथा निराशा के अन्धकार को समाप्त कर देता है। उसकी प्रसूता

की किरणें निराशा और शोक तथा दुःख से भरे हृदयों में ऐसा शीतल प्रकाश भर देती हैं कि वह अपना सारा दुःख भूल जाता है।

यदि प्रसन्नता के साथ-साथ व्यक्ति लोक-व्यवहार की कला में निपुण हो जाये तो फिर उसके जीवन के सारे अभाव नष्ट हो जाते हैं। उसकी समता संसार की किसी भी मूल्यवान वस्तु से नहीं की जा सख्ती।

प्रसन्नता दिखावे की वस्तु नहीं है। वह आत्मा की एक प्रकाश रूपी झलक है। वह आत्मा से ही उत्पन्न होती है। आप जब मुस्कराते हैं तो आपके चेहरे पर एक चमक पैदा हो जाती है। यह चमक ही आपकी आत्मा का प्रतिबिम्ब है। इस प्रकार की प्रसन्नता, ऐश्वर्य की ही नहीं एक दैवी वरदान की भी होती है। इसे प्राप्त करने के लिए आपको अपने हृदय को उदार बनाना होगा। प्रत्येक व्यक्ति से दिल खोलकर मिलना होगा। मुखौटे के पीछे छिपे वास्तविक चेहरे को पहचानना होगा। उसके अन्दर की गहराइयों तक अपनी अन्तर्भेदी दृष्टि को ले जाने की शक्ति पैदा करनी होगी, तभी तो आप उसकी पीड़ा को जान सकेंगे। जब आपको यह महान ऐश्वर्य प्राप्त हो जाएगा, आपके हृदय में सद्गुणों का विकास होता चला जायेगा, तब आप दूसरों के तन-मन पर छाए बोझ हो हल्का कर सकेंगे।

दूसरों के दुखों को देखकर आपके मन में ही केवल सहानुभूति पैदा नहीं होगी बल्कि आपमें सहानुभूति पैदा होगी और आप अपने कार्यों द्वारा अपने शीतल और कोमल शब्दों तथा मीठी वाणी द्वारा दूसरों को ठीक वैसा ही आनन्द प्रदान कर सकेंगे जो तपते हुए मरुस्थल में अचानक वर्षा हो जाने पैर गर्मी से झुलसते लोगों को प्राप्त होता है। और उसी स्थिति में आपको स्वयं भी जो मानसिक और शारीरिक आनन्द प्राप्त होगा, उसकी तुलना संसार के किसी भी सुख से नहीं की जा सकती। यह मत भूलिए कि जैसे ही आशा का सूर्य उदय होता है निराशा की रात का अन्धकार स्वयं ही नष्ट हो जाता है। अन्तर में उल्लास की भावना पैदा होते ही सारे दुःख समाप्त हो जाते हैं।

जो लोग हर समय प्रसन्न रहते हैं, उनके आते ही लोग बड़े हर्ष-उल्लास से उनका स्वागत करते हैं। उनके आते ही सम्पूर्ण वातावरण में हर्ष और

उल्लास की एक मादक लहर दौड़ जाती है। अगर आप अपने व्यवसाय में वृद्धि करना चाहते हैं, सफलता प्राप्त करना चाहते हैं तो आपको चाहिए कि आप हर समय प्रसन्न रहना अपने स्वभाव का एक अविभाज्य अंग बना लें। हर समय प्रसन्न रहिए और अपने हृदय में परोपकार और परसेवा की भावना पैदा कीजिए। जब आपके मन में हर्ष-उल्लास और परसेवा की भावना उत्पन्न हो जायेगी तो आपके कार्य और व्यवसाय में स्वतः ही विकास होता चला जायेगा। आपके मित्रों की संख्या बढ़ेगी और वे हर समय आपसे मिलने के लिए उत्सुक रहा करेंगे। यदि आप व्यवसायी हैं तो आपके ग्राहकों की संख्या में अभिवृद्धि होगी और वे स्वयं आपके पास आने लगेंगे। और इस प्रकार आपका कार्य या व्यापार दिन दोगुनी रात चौगुनी उन्नति करता चला जायेगा।

स्वयं को जानो:

कुछ लोगों की आदत होती है कि हमेशा दूसरों के दोष और बुराइयों की खोज में ही लगे रहते हैं। उनके गुणों की ओर आंख उठाकर भी नहीं देखते। आपकी भी अगर ऐसी आदत है तो इसे छोड़ दीजिए। और दूसरों के अवगुणों को खोजने की बजाय उसके गुणों को खोजिये। उनकी बुराइयों को तलाश करने के बजाय उनकी अच्छाईयों को तलाश कीजिए। अपने मन पर इतना काबू कर लीजिए कि वह दूसरों की बुराई खोजने के बजाय उनकी अच्छाईयों को खोजे। जहां तक सम्भव हो सके दूसरों की अच्छाईयों को खोजकर उन्हें अपनाने की कोशिश कीजिए। विधाता की इस सृष्टि में मनुष्यों की संख्या कम नहीं है। याद रखिए, प्रत्येक मनुष्य में ईश्वर का दिया हुआ एक न एक गुण अवश्य होता है। यदि हम अपने परिचित व्यक्तियों के ही एक-एक गुण को अपनाने का प्रयत्न करें तो भी हमारे लिए काफी होगा।

रस्किन का कहना है कि अपने दोषों की आप जिस प्रकार चिन्ता नहीं करते, उसी प्रकार दूसरों की चिन्ता करनी भी छोड़ दीजिये। जिस व्यक्ति से भी आपका परिचय हो, यह जानने की कोशिश कीजिए कि उसमें क्या-क्या गुण हैं, क्या विशेषताएं हैं। इससे आपको मानसिक शान्ति प्राप्त होगी और

जिस प्रकार वृक्ष के सूखे पत्ते झड़ने के बाद नई कोंपलें फूट आती हैं, उसी तरह आपमें भी नवीन जीवन का संचार होने लगेगा।

यदि आप अपने मन में यह दृढ़ निश्चय कर लें कि भविष्य में प्रत्येक व्यक्ति के साथ स्नेह, उदारता और विनम्रतापूर्ण व्यवहार करेंगे। दूसरों के सद्गुणों को खोजने और उनकी बुराइयों को अनदेखा करने का प्रयत्न करेंगे तो आपको महसूस होगा कि आपके जीवन में एक विशेष प्रकार का परिवर्तन होता चला जा रहा है।

यदि आप अपने मन में यह दृढ़ निश्चय कर लें कि जीवन में कभी और किसी भी दशा में किसी के साथ कटु व्यवहार नहीं करेंगे। सभी के साथ विनम्रता से पेश आयेंगे और किसी की बुराइयों को खोजने के बजाय उसके गुणों को खोजने की चेष्टा करेंगे तो आप स्वयं ही अनुभव करने लगेंगे कि आपके जीवन में आश्चर्यजनक परिवर्तन होने लगा है। शान्त और प्रसन्न होकर किसी को भी देखिये, भले ही मुंह से कुछ न कहिये लेकिन दूसरा व्यक्ति सहज ही प्रसन्नता का अनुभव करने लगेगा।

घटना के अंधेरे पक्ष की बजाय उज्ज्वल पक्ष को देखिये। आपको कभी न तो दुःख का अनुभव होगा न कष्ट का। अगर कोई छोटा-मोटा कष्ट आ भी गया तो आपमें इतनी सामर्थ्य पैदा हो जाएगी कि आप सहज ही उसका हल खोज लेंगे।

अपने दृष्टिकोण को बदलिये। दूसरों की बुराइयों और दोषों को खोजने और उनकी आलोचना करने की बजाय उनकी अच्छाईयों और गुणों को देखिए। उन्हें अपनाइए। स्वतः ही आपका व्यक्तित्व हर्ष और उल्लास से भर जाएगा। और फिर ईश्वर प्रदत्त समस्त वरदान और सिद्धियां आपको प्राप्त हो जाएंगी।

4. स्वयं को पहचानिए

यह एक अमिट सत्य है कि मनुष्य जब आत्मनिरीक्षण करता है तभी स्वयं को पहचान पाता है और जब वह स्वयं को पहचान लेता है तो उसमें दैवी शक्तियों का प्रादुर्भाव हो जाता है। उसके न जाने कब से सोये समस्त गुण जागृत हो उठते हैं।

एक प्राचीन कहावत है-परमपिता परमात्मा ने मानव की रचना करने के बाद उसे आदेश दिया- "जीवन पथ पर अग्रसर हो।" ईश्वर का आदेश सुनकर मानव किंकर्तव्य-विमूढ़ हो गया। वह समझ ही नहीं पाया कि अपनी जीवन यात्रा का आरम्भ कैसे करे? कहां से करे? तभी एक देवदूत ने आकर उसे सानना दी और उसमें साहस पैदा करने का प्रयत्न करने लगा और संतोष की भावना पैदा कर दी। लेकिन ईश्वर ने देवदूत को ऐसा करने से रोकते हुए कहा- "यदि मानव को तुमने सन्तोष प्रदान कर दिया तो उसे अपने जीवन-पथ में पग-पग पर जो हर्ष और उल्लास प्राप्त होगा, वह नष्ट हो जाएगा। उसे वह अनुभव ही नहीं कर पाएगा। उसे स्वयं को पहचानने दो। स्वयं ही अपना मार्ग निश्चित करने दो।"

यह एक अमिट सत्य है कि मनुष्य जब आत्मनिरीक्षण करता है तभी स्वयं को पहचान पाता है। और जब वह स्वयं को पहचान लेता है तो उसमें दैवी शक्तियों का प्रादुर्भाव हो जाता है। उसके न जाने कब से सोये समस्त गुण जागृत हो उठते हैं।

आत्मनिरीक्षण:

इस सम्बन्ध में न्यूयार्क के एक महाविद्यालय की महिला प्रिंसिपल का उदाहरण देना आवश्यक है। उसने अपने जीवन के अनुभवों के बारे में लिखा है- "जब भी मुझे ऐसा महसूस हुआ कि संसार में मुझे भी कोई महान् कार्य करना है तो, तब मुझे ऐसा लगा कि मेरे अन्दर भी 'मैं' जो पर्याप्त शक्तिशाली है, वह हर कार्य को सफलतापूर्वक कर पाने में समर्थ है। बस उसी दिन से यह विद्यालय ही नहीं सम्पूर्ण विश्व मेरा कर्म-क्षेत्र बन गया। मेरे कदम स्वयं ही हर दिशा में बढ़ते चले गये।"

और आत्मनिरीक्षण का परिणाम यह निकला कि उस महिला ने जीवन के प्रत्येक क्षेत्र में महत्त्वपूर्ण सफलताएं प्राप्त कीं।

यह है आत्मनिरीक्षण के बाद स्वयं को पहचान लेने का चमत्कार। स्वयं को पहचान कर ही कोई व्यक्ति अपना विकास कर सकता है। लेकिन स्वयं को अपनी आंतरिक शक्तियों का ज्ञान कराना और उन शक्तियों के भीतर छिपे हुए विराट गौरवपूर्ण सत्य स्वरूप के दर्शन करा पाना जहां कठिन है वहां मानव जीवन के लिए सर्वाधिक महत्त्वपूर्ण और आवश्यक भी है। जब व्यक्ति अपनी हस्ती से परिचित हो जाता है, अपनी आत्मा के स्वरूप को जान लेता है, अपने भीतर छिपी शक्तियों को पहचान लेता है तो फिर उसके जीवन में एक ऐसा आश्चर्यजनक परिवर्तन आ जाता है कि समस्त संसार चकित रह जाता है।

प्रोफेसर विलियम जेम्स ने कहा है- प्रत्येक व्यक्ति के अन्दर ऐसी शक्तियां छिपी रहती हैं जिन्हें न तो कोई देख ही सकता है और न उनकी कल्पना ही कर सकता है। अगर किसी ऐसे साधन का आविष्कार हो जाये जिसके

माध्यम से व्यक्ति की आन्तरिक शक्तियों का फोटो खींचा जा सके तो मनुष्य अपनी ही शक्तियों को देखकर आश्चर्यचकित रह जायेगा।

अक्सर देखा गया है कि जब कोई व्यक्ति किसी अप्रत्याशित कार्य को पूरा कर लेता है तो वह यह सोचकर चकित हो उठता है कि क्या यह कार्य उसी ने किया था? लेकिन उसमें आश्चर्य की कोई बात नहीं है।

क्योंकि संसार का कोई भी कार्य, भले ही वह कितना बड़ा ही क्यों न हो, मनुष्य ने ही पूरा किया है और भविष्य में भी वही करेगा। सोचिए, विशाल वटवृक्ष को जन्म देने वाला बीज कितना नन्हा-सा होता है। इस नन्हे से बीज में जब विशाल वटवृक्ष को उगाने की अपार शक्तियां होती हैं तो कल्पना कीजिए कि जो विचार मानव मन में उत्पन्न होते हैं, उनमें कितनी शक्ति होती होगी।

उद्देश्य:

आज आप जो कुछ कर रहे हैं और जिस शक्ति से कर रहे हैं उससे करोड़ों गुनी अधिक शक्ति आपके भीतर छिपी पड़ी है। इसीलिए विद्वानों ने कहा है कि आप आज जो काम कर रहे हैं वह उस काम से कहीं अधिक महत्त्वपूर्ण है जिसे आप निकट भविष्य में करना चाहते हैं। जीवन का उद्देश्य ही व्यक्ति को काम करने की प्रेरणा देता है। आपको चाहिए कि आत्मा की शक्तियों को पहचानें, अपनी आत्मा के वास्तविक स्वरूप को पहचानें, स्वयं में ऊंचा उठने की आकांक्षा पैदा करें। दृढ़ इच्छा शक्ति और एकाग्रता को मन में पैदा करें। उनका विकास करें। विश्वास कीजिए, ऐसा करके ही आप ईश्वर की आज्ञाओं का पालन कर सकते हैं।

कभी यह न सोचिये कि कोई भी काम ऐसा है जिसे आप कर नहीं सकते। यह काम तो केवल ईश्वर के अवतार ही कर सकते हैं। याद रखिये, आपके अन्दर भी अनन्त शक्तियों का अथाह सागर लहरा रहा है। आपको तो केवल अपने कार्य को अपनी आन्तरिक शक्तियों के अजस्र स्रोत से जोड़ देना भर है। फिर वह कार्य चाहे कितना ही दुष्कर क्यों न हो, होकर ही रहेगा।

शायद आप सोच रहे होंगे कि बड़े-बड़े कार्य केवल बड़े-बड़े व्यक्ति ही कर सकते हैं। लेकिन ऐसा नहीं है। अनेक लोग कोई काम इसलिए नहीं कर पाते कि उनमें शक्ति नहीं थी। उनमें शक्ति तो थी लेकिन वह अपनी शक्ति को पहचान नहीं सके इसलिए उस काम को नहीं कर पाये। आपके अन्दर जो शक्तियां छिपी हुई हैं उनके द्वारा आप बड़े से बड़ा काम करके महान् व्यक्ति बन सकते हैं, वास्तविकता तो यह है कि आप जानते ही नहीं कि आपके अन्दर कैसी-कैसी अद्भुत शक्तियां छिपी हुई हैं। आप में कितनी योग्यता और गुण छिपे हुये हैं। अपनी इन अद्भुत शक्तियों, योग्यताओं और गुणों से अनजान होने के कारण ही लोग अपने जीवन के उद्देश्य को प्राप्त नहीं कर पाते। जब कोलम्बस अमेरिका पहुंच गया, तभी अमेरिका के निवासियों को पता चला कि अमेरिका के अतिरिक्त और देश भी हैं। पर इससे यह प्रमाणित नहीं होता कि कोलम्बस के अमेरिका में पहुंचने से पहले अन्य देश थे ही नहीं थे पर लोगों को जानकारी नहीं थी।

इमर्सन ने कहा है- "इस संसार में कुछ ही ऐसे व्यक्ति होते हैं जो अपने जीवन में स्वयं को पहचान पाते हैं और अपने कामों को पूरा कर पाते हैं। अधिकाधिक व्यक्ति तो अपने आपको पहचान न पाने के कारण अपने कामों को पूरा किए बिना ही इस संसार से विदा हो जाते हैं। जो लोग अत्यधिक शक्ति-सम्पन्न होते हैं उन्हें भी अपनी आंतरिक शक्तियों का पता नहीं होता। अक्सर आपने देखा होगा कि जब कोई व्यक्ति सफलता प्राप्त नहीं कर पाता तो कह बैठता है-अगर मुझमें लिंकन, रूजवेल्ट जैसी शक्ति होती तो मैं भी सफल हो जाता। लेकिन ऐसा सोचना वास्तविकता से कोसों दूर है। सच बात तो यह है कि यदि वह व्यक्ति अपनी आन्तरिक शक्तियों को पहचान लेता तो वह लिंकन और रूजवेल्ट की से भी कहीं आगे बढ़ जाता। आपकी शक्तियां असीम हैं, लेकिन जब तक आपको उनकी पहचान और ज्ञान नहीं है, वे सोयी रहेंगी। अकर्म रहेंगी। लेकिन जब आप उनकी वास्तविकता से परिचित हो जायेंगे उन्हें जगा लेंगे, उनकी परीक्षा लेंगे-तब आप स्वयं को पहचान लेंगे। इसलिए आवश्यक है कि पहले अपनी शक्तियों का निरीक्षण और परीक्षण कीजिए। उन्हें जगाइए और उनसे काम लीजिए। फिर देखिए कि

आप जो भी काम करना चाहते हैं उसे कर पाते हैं या नहीं। आपको अपने काम में सफलता प्राप्त होती है या नहीं।

अनेक लोगों का स्वभाव होता है कि दूसरों को सफल होते देख, दूसरों को महत्त्व मिलते देख, दूसरों की शक्ति-सम्पन्नता को देख अकारण ही ईर्ष्या और द्वेष का शिकार बन जाते हैं और उनके अहित चिन्तन में जुट जाते हैं जबकि दूसरों के उत्कर्ष को देखकर उन्हें अपनी शक्तियों को पहचानना चाहिये। दूसरों की सफलता और योग्यता की सराहना करते हुये एकाग्रचित्त होकर अपने काम में जुट जाना चाहिये। दूसरों के कार्यों और सफलताओं की प्रशंसा करने से व्यक्ति को अपना काम कर पाने के लिए उत्साह और प्रेरणा मिलती है जबकि निन्दा करने या ईर्ष्या करने से वह अपने काम में व्यवधान खड़े कर लेता है।

इमर्सन ने अपने 'आत्मविश्वास' नामक लेख में एक उदाहरण दिया है- एक बार शराब में धुत एक व्यक्ति को नाली में से उठाकर एक ड्यूक के पास लाया गया। ड्यूक ने अपने नौकरों को आदेश दिया कि उसे नहला-धुला कर और बढ़िया से बढ़िया कपड़े पहनाकर बिस्तर पर सुला दिया जाए और जब इसकी नींद पूरी हो जाए और यह जाग उठे तो इसके साथ ऐसा व्यवहार किया जाये जैसे वह सामान्य व्यक्ति न होकर ड्यूक हो। नौकरों ने अपने स्वामी ड्यूक के आदेशों का पूरा-पूरा पालन किया, इसका परिणाम यह हुआ कि वह अपने आपको वास्तव में ड्यूक समझने लगा और उसका जीवन तथा व्यवहार भी ड्यूक की तरह सुन्दर और शानदार हो गया।

वास्तविक स्वरूप:

यह उदाहरण इस बात का प्रमाण है कि मनुष्य अपने गौरवमय उज्ज्वल स्वरूप को भुलाकर उसी शराबी की तरह नशे में डूबा रहता है। उसे यह पता ही नहीं रहता कि वह क्या है, उसका वास्तविक स्वरूप क्या है। उस दशा में वह घृणित से घृणित काम कर बैठता है। लेकिन जब वह अपने वास्तविक स्वरूप को पहचान लेता है तो जीवन के प्रत्येक क्षेत्र में सफलता प्राप्त करते हुये जीवन के सर्वोच्च शिखर पर पहुंच जाता है। अपने आपको असहाय,

शक्ति-सामर्थ्यहीन और धरती का बोझ समझने वाले लोगों की कमी नहीं है। ऐसे लोगों की ये धारणाएं उन्हें उन्नति और प्रगति की राह पर चलने से रोक लेती हैं। कुछ ही ऐसे व्यक्ति होते हैं जो अपनी उन्नति और प्रगति के लिये प्रयत्न करते हैं, शेष लोग तो अपनी जिन्दगी को सिर्फ गुजारते हैं। ऐसे लोगों से जब भी आप उनका कभी कुशलक्षेम पूछेंगे वे आपको एक ही उत्तर देंगे-बस किसी तरह जिन्दगी गुजार रहा हूं। ऐसे लोग झूठ नहीं बोलते। वे सच ही कहते हैं। वास्तव में वे जिन्दगी ही गुजार रहे होते हैं। कुछ खा-पीकर और कुछ काम न करके। ऐसे लोग जीवन-भर कोई महत्त्वपूर्ण काम नहीं करते, जिन्दगी गुजारते रहते हैं।

व्यक्ति को अपनी शक्तियों की पहचान आसानी से नहीं हो जाती। न जाने कितने संकटों से जूझने और कितने कष्टों को सहन करने के बाद वह अपनी आन्तरिक शक्तियों का पता लगा पाता है। कुछ लोगों की शक्तियां इतनी गहराई में छिपी रहती हैं कि उन्हें कोई विशेष घटना ही जगा पाती है। कभी असहनीय दुःख या भीषण संकट आने पर, चोट लगने पर या कठोर प्रताड़ना व्यक्ति की सोयी हुई आन्तरिक शक्तियों की जगा देती है।

आपने देखा होगा कि कुछ पेड़-पौधे ऐसे होते हैं जो देखने में सामान्य मालूम होते हैं लेकिन अगर आप उनकी पत्तियों को मसल कर सूंघे तो आप हैरान रह जायेंगे कि उन सामान्य पत्तियों में कैसी मादक गन्ध छिपी हुई थी। इसी प्रकार कुछ ऐसे व्यक्ति होते हैं, जिनकी संकट आने पर आन्तरिक शक्तियां स्वयं ही जाग उठती हैं और उन्हें अनचाहे और अनजाने ही अपनी आन्तरिक शक्तियों का पता चल जाता है। संकट आते ही वे सूर्य की तरह जगमगा उठते हैं।

इस प्रकार के व्यक्तियों का अधिकांश जीवन व्यर्थ ही व्यतीत हो जाता है। लेकिन जब उन्हें किसी घोर संकट का सामना करना पड़ता है तो उस अचानक लगने वाले झटके से उनकी चिरकाल से सोयी आन्तरिक शक्तियां स्वयं ही जाग उठती हैं। उनकी दबी हुई प्रतिभा उभर कर सामने आ जाती है।

अमेरिका के राष्ट्रपति अब्राहम लिंकन तथा सेनापति ग्रान्ट उपरोक्त तथ्यों के सर्वश्रेष्ठ उदाहरण हैं। चालीस वर्ष की उम्र तक ग्रान्ट को उसके परिवार के अतिरिक्त और कोई नहीं जानता था। उसने कभी सपने में भी सोचा नहीं था कि वह एक महान्, सफल और कुशल सेनापति बन सकता है। उसे अपनी छिपी हुई आंतरिक शक्तियों का पता ही नहीं था। बी.ए. तक शिक्षा प्राप्त करते-करते उसकी काफी उम्र हो गई। फिर उसे नौकरी मिली तो अयोग्य घोषित करके नौकरी से निकाल दिया गया। उसके बाद उसने कई जगह नौकरी की लेकिन हर जगह से अयोग्यता के आरोप में उसे निकाल दिया गया और अंत में वह अमेरिका की सेना में भर्ती हो गया और युद्ध के भीषण थपेड़ों ने उसकी आन्तरिक सोयी हुई शक्तियों को झकझोर कर जगा दिया। उन शक्तियों के जागते ही उसके अन्दर सोया हुआ रणकुशल सेनापति जाग उठा। और तब उसकी कार्यकुशलता, कार्य करने की शक्ति और कुशल नेतृत्व को देखकर समूचा विश्व दंग रह गया।

ठीक ऐसा ही अब्राहम लिंकन के साथ हुआ था। उन्हें भी वर्षों तक अपरिचय के संसार में रहना पड़ा। लेकिन जब वह राजनीति में उतर आये तो सारा संसार उन्हें जान गया।

ये उदाहरण इस बात के प्रमाण हैं कि जीवन में घटने वाली कोई भी अद्भुत घटना, कोई भी संकट या कोई भी प्रेरणा देने वाली पुस्तक मनुष्य के समूचे जीवन को परिवर्तित कर देती है और वह कहीं से कहीं पहुंच जाता है।

अतः प्रेरणाः

लेकिन यह सब तभी होता है जब मनुष्य को अन्तःप्रेरणा प्राप्त हो, जब वह स्वयं को पहचान ले। अन्तःप्रेरणा ही मानव के सामान्य जीवन को उच्च से उच्चतर और महान् से महान्तर बना देती है। याद रखिये, वही व्यक्ति भगवान को पहचान पाता है जो स्वयं को पहचान लेता है। कोई भी व्यक्ति अपने पूर्वजों से प्राप्त सम्पति के बल पर जीवन में सफलता प्राप्त नहीं कर पाता। लेकिन अन्तःप्रेरणा मिलने पर अपने अन्तःकरण में छिपी शक्तियों को पहचानने के बाद प्रत्येक व्यक्ति सफलता प्राप्त कर सकता है। जब कोई

व्यक्ति असहनीय कष्टों को झेलते हुए, संघर्षों से जूझते हुए साहस और हिम्मत से भाग पड़ता है तो उसकी सहायता के लिए हर कदम पर सहायक मिलते चले जाते हैं और वह अपने कष्टों को भूल जाता है। उसकी राह सुगम बन जाती है।

याद रखिये, आपके अन्दर भी सभी प्रकार की शक्तियां मौजूद हैं। अगर आप इन शक्तियों को पहचानने का प्रयत्न नहीं करेंगे तो आप अपने जीवन में कभी सफलता प्राप्त नहीं कर पायेंगे। आपका जीवन आनन्दविहीन बना रहेगा। बीज से अंकुर तभी फूटता है जब वह नमी पाकर फूल जाता है और फिर फूले हुए बीज से फूटा हुआ अंकुर ही विशाल वृक्ष बन जाता है।

विकास का अर्थ है निरन्तर बढ़ते रहना। आदि काल से लेकर आज तक की मानव सभ्यता की कहानी से हमें यही शिक्षा मिलती है-निरन्तर बढ़ते चलो-चलते चलो।

5. जीवन में आत्मविश्वास का महत्त्व

जिस व्यक्ति में आत्मविश्वास जितनी अधिक मात्रा में होता है, वह अपने जीवन में उतनी ही सफलताएं प्राप्त करता चला जाता है।

संसार में दो। प्रकार के मनुष्य पाये जाते हैं-आशावादी और निराशावादी। जो लोग आशावादी होते हैं उनमें साहस, कार्यक्षमता और आत्मविश्वास की कमी नहीं होती। दरअसल उनका आत्मविश्वास ही उनमें साहस, सामर्थ्य और शक्ति का संचार करता है, उन्हें प्रेरणा देता है निरन्तर प्रयत्न करते रहने की, आगे बढ़ते रहने की। आत्मविश्वास ही उनमें कुशलता और योग्यता को जन्म देता है और उसी सहारे वे अपने जीवन के प्रत्येक क्षेत्र में सफलता प्राप्त करते चले जाते हैं।

लेकिन निराशावादी व्यक्ति हमेशा सन्देहशील और आशंकित रहता है। उसके दिल और दिमाग में भरा सन्देह उसे कायर बना देता है, उसकी देखने और सोचने-समझने की ताकत छीन लेता है। वह अपने सामने पड़े सुगम मार्ग को नहीं देख पाता। सन्देह उसे इधर-उधर भटकाता रहता है। उसमें

इतना साहस पैदा नहीं होने देता कि वह उस सही और सीधे-सादे मार्ग पर चल सके। और तब इसी कशमकश में वह अवसर गंवा बैठता है और फिर असफलताएं उसकी सहचरी बन जाती हैं।

सफलता और सन्देहः

जब आप हमेशा किन्हीं महान् कामों के सफल होने की आशा करते रहते हैं तो आपका स्वभाव बन जाता है कि हर कार्य को पूरा होने की आपके मन में आशा बनी रहे और यह स्वभाव आपके भीतर छिपी समस्त शक्तियों और उसके उद्गम को खोज डालता है। तब संसार के सामने आपके विश्वास का यह दिव्य दूत प्रकट होता है जिसे भगवान् ने इन्सान को सही रास्ता दिखाने के लिए इस संसार में भेजा है। वह आपमें आत्मविश्वास पैदा करता है और आप उस आत्मविश्वास की प्रेरणा से सही रास्ते पर चलते रहते हैं। आपके कदम लड़खड़ाने नहीं पाते लेकिन जिन व्यक्तियों में आत्मविश्वास की कमी होती है उनके मन में हर कार्य की सफलता के प्रति सन्देह बना रहता है। वे अपना हर कदम आशंकित होकर उठाते हैं, वे अपने लक्ष्य तक नहीं पहुंच पाते। सफलता उनसे कोसों दूर रहती है।

जिस व्यक्ति में आत्मविश्वास की कमी होती है वह किसी भी कार्य के सम्बन्ध में कोई भी ठोस निर्णय नहीं ले पाता। क्योंकि उसका मन संदेह से भरा रहता है। उसे यह विश्वास ही नहीं होता कि वह जिस काम को करेगा उसमें उसे सफलता प्राप्त होगी और इन्हीं विचारों के संघर्ष में उलझकर वह कोई भी काम आरम्भ नहीं कर पाता। परिणाम यह होता है कि वह जहां का तहां खड़ा रह जाता है। उसकी प्रगति और विकास के मार्ग अवरुद्ध हो जाते हैं और उसका जीवन इसी प्रकार बीत जाता है। न वह स्वयं प्राप्त कर पाता है और न संसार को ही कुछ दे पाता है।

आपने देखा है, कुछ लोग खूंखार जंगली जानवरों को इस तरह वश में कर लेते हैं जैसे वे घरेलू शान्तिप्रिय, एवं पालतू जानवर हों। ऐसे लोगों में आत्मविश्वास कूट-कूट कर भरा होता है और वे बड़ी निडरता से बिना किसी हिचकिचाहट के उस खूंखार जानवर के पास चले जाते हैं और उनकी

आत्मविश्वास भरी यह निर्भीकता ही खूंखार पशु को अपने स्वभाव के अनुसार आचरण करने से रोक देती है। वे उस निडर व्यक्ति पर आक्रमण करना भूल जाते हैं। लेकिन यदि उन खूंखार जानवरों की ओर बढ़ते हुए उनके मन में जरा-सा भी यह संदेह पैदा हो जाए कि वे खूंखार जानवर उन्हें हानि पहुंचा सकते हैं तो उनके इस सन्देह को वे खूंखार जानवर बड़ी सहजता से भांप लेंगे और फिर उनके टुकड़े-टुकड़े कर डालेंगे।

आत्मविश्वासी व्यक्तित्व:

ऐसे व्यक्ति अपने आत्मविश्वास और आत्मविश्वास से पैदा होने वाले दुस्साहस, असीम शौर्य और दृढ़ के बल पर खूंखार जानवरों को अपने वश में करके उन्हें पालतू कुत्ते के रूप में बदल देते हैं। वे उनके एक इशारे पर भीगी बिल्ली बन जाते हैं और उनके हर आदेश का चुपचाप पालन करते हैं। उन दुस्साहसी और आत्मविश्वास भरे लोगों की दृष्टि के पीछे छिपी हुई शक्ति उन खूंखार जानवरों को परास्त कर देती है और उन्हें उनकी आज्ञाओं का पालन करने पर विवश कर देती है। इस तरह के काम के लिए अटल आत्मविश्वास और दृढ़ निश्चय बहुत ही आवश्यक है। जरा सा भी संदेह, जरा सी भी आशंका और जरा सी भी कायरता उनके लिए प्राणघातक सिद्ध हो सकती है।

जब तक मन में यह दृढ़ विश्वास पैदा न हो कि आप जिस वस्तु को पाना चाहते हैं उसे पा लेंगे, तब तक आपके मन में वह अटूट निष्ठा पैदा नहीं हो सकती जो उस वस्तु को प्राप्त करने के लिए आवश्यक होती है। लेकिन यदि एक बार आपके मन में दृढ़ विश्वास पैदा हो जाये कि आप जिस वस्तु को पाना चाहते हैं उसे बड़ी आसानी से पा सकते हैं तो विश्वास कीजिए, आपमें इतनी शक्ति और सामर्थ्य पैदा हो जाएगी कि आप उसे प्राप्त कर ही लेंगे। आत्मविश्वास एक ऐसी अजेय शक्ति है जो आपकी सफलता की राह में आने वाले हर व्यवधान को चुटकी बजाते धूल की तरह उड़ा देती है।

दृढ़ निश्चय आत्मविश्वास से ही पैदा होता है। जिस व्यक्ति के मन में हमेशा दुविधा बनी रहती है कि इस काम को करे या न करे वह जीवन-भर दुविधा में ही उलझा रहता है। उसे न तो अपनी योग्यता पर विश्वास होता है

न अपनी शक्ति और सामर्थ्य पर। सोचिये, जिसे अपनी शक्तियों पर ही संदेह है वह अपने जीवन में सफलता कैसे प्राप्त कर सकता है? कैसे कोई महान कार्य कर सकता है।

इच्छाशक्तिः

मन मानव शरीर का प्रधान अंग है। जिसके आदेश और इच्छाओं का पालन उसकी इन्द्रियां करती हैं इसलिए आवश्यक है कि मन में आत्मविश्वास भरा जाये। दृढ़ निश्चय और अटूट निष्ठा पैदा कीजिए। मन में ही अपने लक्ष्य और अपनी सफलता के साकार स्वरूप को देखा-परखा जाये। मन ही में उस वस्तु को प्राप्त करने की कल्पना की जाये जिसका वह निर्माण करना चाहता है। जिस लक्ष्य को प्राप्त करने में और जिसकी सफलता में आपको अपनी शक्तियों पर पूरा-पूरा विश्वास होगा, आप उसी काम में सफलता प्राप्त कर सकेंगे। कुछ लोग सोचते हैं कि संसार के सभी लोग धनी-सम्पन्न नहीं है। निर्धनों की संख्या ही अधिक है और उसे भी निर्धनता में ही जिन्दगी गुजारनी होगी, वह व्यक्ति कभी धनी नहीं बन सकता। क्योंकि उसमें इच्छाशक्ति का अभाव है। आत्मविश्वास का अभाव है।

आपने अक्सर देखा होगा कि अधिकांश नौजवान कॉलेज से पहले ही पढ़ाई छोड़ बैठते हैं। इसका कारण यह होता है कि वे समझते हैं कि वे इस योग्य नहीं हैं कि अपनी पढ़ाई जारी रख सकें और परीक्षा में पास हो सकें। यदि कोई इस प्रकार की भावना को लेकर कॉलेज जाएगा तो भले ही वह कितना भी धन खर्च करे, उसकी सहायता कितने ही लोग करें, उसे कितने ही सुअवसर क्यों न मिलें, वह परीक्षा में पास नहीं हो सकता और न अपने जीवन में प्रगति ही कर सकता है। क्योंकि उसे अपनी योग्यता पर सन्देह है। उसमें आत्मविश्वास की कमी है।

जो नौजवान यह समझते हैं कि उच्च पद प्राप्त नहीं कर सकेंगे, विश्वास कीजिये, वे जीवन-भर उच्च अधिकारी नहीं बन सकते। जीवन-भर क्लर्क ही बने रहते हैं। इन लोगों में से ही कुछ लोग जोश में आकर, वकील, डाक्टर या व्यापारी बनने की योजना बनाते हैं। कोशिश भी करते हैं। लेकिन न

उनमें स्थिरता होती है न संकल्प की दृढ़ता। उनका निश्चय डगमगाता रहता है इसलिए वे कुछ भी नहीं बन पाते हैं।

कठोर परिश्रम:

उन्हें जीवन में पहली बार जब अवसर मिला था तो उन्हें चाहिए था कि वे दृढ़ निश्चय लेकर अपने उद्देश्य को चुनते और फिर उसे पूरा करने का प्रयास करते। अपने उद्देश्य को पूरा करने के लिए भले ही उन्हें रात-रात भर जागकर कठोर परिश्रम करना पड़ता, उन्हें करना चाहिए था। उस समय तो सम्भव था कि वे अपने उद्देश्य को पूरा करने में सफल हो जाते। वे चाहते तो उस समय अपने जीवन को परिवर्तित कर सकते थे। लेकिन उस समय उन्होंने जिम्मेदारी को नहीं समझा। लापरवाही बरतते रहे। उस समय उन्होंने कठोर परिश्रम नहीं किया, वरना वे सफल हो जाते। लेकिन ऐसे भी नौजवान है जो उल्लास और उत्साह के साथ अपने काम में लगे रहते हैं। पूर्ण दृढ़ निश्चय और दृढ़ संकल्प के साथ निरन्तर प्रयास करते रहना उनका स्वभाव बन जाता है। वे परिश्रम से घबराते नहीं हैं। इसका परिणाम यह होता है कि वे किसी न किसी दिन उन्नति के शिखर पर पहुंच ही जाते हैं।

यदि आप जीवन में महान् सफलता पाने वाले महान् व्यक्तियों के कार्यकलापों का अध्ययन करें तो आपको पता चल जाएगा कि उनकी महान् सफलताओं और उनके महान् बनने का एकमात्र कारण था उनका आत्मविश्वास। जिस व्यक्ति को अपनी योग्यता पर विश्वास हो जाता है और वह यह समझने लगता है कि वह जिस काम को भी हाथ में लेगा उसमें उसे सफलता अवश्य प्राप्त होगी। उसे अवश्य ही सफलता मिलती है। भले ही दूसरे लोग उसके विश्वास को दुराग्रह का नाम दें, लेकिन ऐसे व्यक्ति अपनी धुन के इतने पक्के होते हैं कि अपने अदम्य आत्मविश्वास के बल पर सफलता प्राप्त कर लेते हैं। उन्हें इस बात की परवाह ही नहीं होती कि लोग उन्हें मूर्ख कहते हैं या कुछ और। उन्हें तो केवल अपने काम से सरोकार होता है। उनकी आंखें तो केवल सफलता पर ही टिकी होती हैं। उन्हें अपनी शक्तियों पर विश्वास होता है। वे दूसरों के मन में यह विश्वास पैदा कर देते हैं

कि उनका आत्मविश्वास अडिग है। वे अपने लक्ष्य को प्राप्त करने में हर हालत में सफल होंगे।

ऐसी स्थिति में दूसरे लोग भी उनके सहायक बन जाते हैं और यथाशक्ति उन्हें अपना सहयोग देते हैं। जो व्यक्ति अपने काम में सफलता प्राप्त कर लेता है, वह अनायास ही अपने आस-पास के वातावरण पर शासन करने लगता है। लोग उसे अपने से कहीं अधिक योग्य मानने लगते हैं। जब वह इस स्थिति में पहुंच जाता है, उसकी जबान से निकले प्रत्येक शब्द से आत्मविश्वास टपकने लगता है, उसके चेहरे पर सफलता और विजय की झलक स्पष्ट दिखाई देने लगती है। और उस झलक को देखकर दूसरे लोगों के मन का सन्देह मिट जाता है। और जब किसी व्यक्ति के प्रति लोगों के मन में विश्वास की भावना पैदा हो जाती है तो वे उसके सहायक बन जाते हैं।

जो लोग जीवन में विजय और सफलता प्राप्त कर लेते हैं। उनके प्रति सभी लोगों के मन में विश्वास की भावना पैदा हो जाती है। संसार ऐसे लोगों का आदर करने लगता है। क्योंकि जिस व्यक्ति में आत्मविश्वास होगा, वह दूसरों के प्रति ईमानदार अवश्य होगा। लोगों की यह निश्चित धारणा होती है। इसलिए लोग उसकी ईमानदारी से आकर्षित होकर उसके निकट चले जाते हैं। जिस व्यक्ति में आत्मविश्वास होता है उसकी हर चेष्टा, हर व्यवहार, बोल-चाल, हाव-भाव यानी कि उसकी हर बात में आत्मविश्वास की झलक दिखाई देती है। ऐसी दशा में लोग उससे सहज ही प्रभावित हो जाते हैं और उसे अपना नेता मान लेते हैं। उस व्यक्ति के आदेशों का पालन करना अपना प्रमुख कर्तव्य समझने लगते हैं। जिस व्यक्ति में आत्मविश्वास होता है वही अपनी शक्तियों, गुणों और योग्यताओं से दूसरों को प्रभावित कर सकता हैं। लेकिन जिस व्यक्ति में आत्मविश्वास का अभाव हो, जिसके मन में भय और संशय भरा हों, उस व्यक्ति का किसी पर भी रत्ती-भर प्रभाव नहीं पड़ता। कुछ लोग ऐसे होते हैं कि प्रथम भेंट में ही दूसरों को अपना बना लेते हैं। उसके हृदय में अपने प्रति गहरा विश्वास पैदा कर देते हैं। उनकी निकटता लोगों में सफलता और विजय की भावना पैदा कर देती है। लोग उसे अपना रहनुमा

मान लेते है। उनके मन में यह दृढ़ धारणा पैदा हो जाती है कि केवल यही एकमात्र ऐसा व्यक्ति है जिसमें इतनी योग्यता और क्षमता होती है कि वह जो भी काम चाहे, उसे कर सकता है। ऐसे लोगों के स्मरण मात्र से ही लोगों के मन में विजय की भावनाएं उमड़ने लगती हैं। ऐसे लोग जब अपनी शक्ति के द्वारा कोई अनुभूत और असम्भव कार्य कर डालते हैं तो लोगों के मन में विश्वास की भावना और भी बढ़ जाती है, दृढ़ हो जाती है।

अपना विश्वास जमाइए:

विश्वास जिसे आप साख भी कह सकते हैं मानव की सबसे बड़ी पूंजी होती है। भले ही कोई काम हो या कोई व्यवसाय, साख रूपी पूंजी से बढ़कर और कोई पूंजी नहीं होती। यदि किसी व्यापारी के सम्बन्ध में लोगों के मन में विश्वास पैदा हो जाये, उसकी साख जम जाए तो उसका उत्पादन निश्चय ही अन्य लोगों के उत्पादनों से श्रेष्ठ होगा। उपयोगी और लाभकारी भी होगा और सुन्दर भी होगा। आपकी अगर बाजार में साख है तो आप अपने कर्मचारियों को नियमित और व्यवस्थित रख सकते हैं। बाजार में जिस वस्तु की भी मांग होगी उसे आप समय पर सही रूप में तैयार करके भेज सकेंगे और उस स्थिति में आप दूसरों से जो भी सहायता चाहेंगे, वह आपको मिल जायेगी।

मानव जीवन का कोई भरोसा नहीं होता। पता नहीं कब किस मनुष्य की जीवनलीला का पटाक्षेप हो जाए। व्यक्ति के पास समय इसलिए बहुत कम होता है। यही कारण है कि हर व्यक्ति काम के पीछे दौड़ता रहता है। किसी के पास इतना समय नहीं होता कि आपकी सरगर्मियों का विश्लेषण कर सके। अक्सर लोग दूसरों के चेहरे, बोलचाल का अनुमान लगा लेते हैं। यदि आपके विश्वास, आपकी योग्यता और आपकी कार्यकुशलता की साख लोगों पर जम जाये तो वे निश्चय ही आप पर विश्वास करने लगेंगे। किसी भी डाक्टर के लिये यह आवश्यक नहीं है कि रोगी को यह बताये कि उसने उसका इलाज किस तरह किया है। दरअसल रोगी का इलाज करता है उसके मन में डाक्टर के प्रति बैठा हुआ उसका विश्वास। यदि रोगी को डाक्टर पर पूरा विश्वास है तो डाक्टर उसे जो भी दवा दे देगा, वही उसके लिए सच में अचूक रामबाण सिद्ध हो जाएगी। लेकिन जिस डाक्टर को देखकर रोगी के

मन में उसके प्रति विश्वास की भावना पैदा नहीं होती, उस डाक्टर के इलाज से रोगी को कभी लाभ नहीं होता। वह डाक्टर भले ही कितनी ही अचूक दवाएं क्यों न दे, रोगी का रोग दूर नहीं हो पाता। ऐसा डाक्टर किसी भी रोगी को रोग मुक्त नहीं कर पाता। लेकिन जिस चेहरे पर दृढ़ संकल्प की छाया दिखाई पड़ती है, ऐसा महसूस होता है कि उसके निश्चय को कोई नहीं बदल सकता, सब लोग उस पर विश्वास करते हैं और उसकी सलाह को उचित तथा सही मानकर उस पर आचरण करने लगते हैं। ऐसे आत्मविश्वासी व्यक्तियों को दूसरों का सहयोग स्वतः ही मिल जाता है।

किसी भी व्यक्ति के चेहरे को जरा ध्यान से देखिये। कुछ व्यक्तियों के चेहरे पर आपको उनके नेता होने की झलक दिखाई देगी। दूर से ही उनके चेहरों पर आपका नेता या नायक होने की झलक दिखाई दे जाएगी और जब आप उन लोगों से बात करेंगे तो आपको अपने अनुमान की सच्चाई का पता लग जाएगा।

आज संसार की मानव जाति इतनी अधिक व्यस्त है कि उसके पास आपकी योग्यताओं और गुणों को देखने के लिए समय ही नहीं है। इसलिए आवश्यकता है कि आप स्वयं अपनी योग्यता तथा गुणों से दूसरों को इस सीमा तक प्रभावित कर दें कि लोग आपके गुणों और आपकी योग्यताओं से अच्छी तरह परिचित हो जाएं। लेकिन अपनी योग्यता को अपने मुंह से स्वीकार करने पर दूसरे लोगों के मन में संदेह पैदा हो जाता है।

जो लोग स्वयं पर भरोसा नहीं करते, जो अपनी असफलताओं का ढिंढोरा पीटते रहते हैं, वे दूसरों को निरुत्साहित कर देते हैं। यही वे कारण हैं जो व्यक्ति की सफलता की राह में रोड़े अटका देते हैं। जब आपको ही अपनी योजना पर विश्वास नहीं हो, दूसरे लोग आपकी योजना पर विश्वास क्यों करेंगे? जब आप ही स्वयं को दीन-हीन, अयोग्य और असमर्थ समझेंगे और अपने मूल्य घटाते रहेंगे तो किसी को क्या पड़ी है कि आपको योग्य और समर्थ समझे, आपका मूल्यांकन करे और आपका मूल्य बढ़ाये। आप स्वयं ऐसा काम कीजिए कि जिससे आपकी योग्यता और आपके गुण उभरकर संसार के सामने आ जायें, आपकी योग्यता संसार को आपका उचित मूल्य बता दे। तभी आप दुनिया की नजरों में बढ़ सकेंगे और तभी आपको अपना उचित मूल्य प्राप्त हो सकेगा।

भीतरी और बाहरी शक्तियां:

दूसरों की नजरों में गिरकर कोई भी व्यक्ति कोई भी महान कार्य नहीं कर सकता और न दूसरों से अपनी आशा और आवश्यकता के अनुसार काम ही ले सकता है लेकिन अगर आप कुछ महान् कार्य करना चाहते हैं और अपनी समस्त-बाहरी शक्तियों को इकट्ठी करके उन कार्यों में लगा सकते हैं तो आप जो कार्य करना चाहते हैं निश्चित रूप से कर सकते हैं। उसका परिणाम आपकी आशा और आकांक्षा के अनुरूप ही निकलेगा। याद रखिये, विशेष कार्यों को पूरा करने के लिये व्यक्ति को विशेष प्रयत्न करने पड़ते हैं। जब आपको कोई विशेष काम करना होगा तो उस काम को करने से पहले आपको विशेष व्यक्ति बनना पड़ेगा। सामान्य लोगों की भीड़ से अलग हटकर खड़ा होना पड़ेगा। जन सामान्य की तरह आलसी, सुस्त या अकर्मण्य बनने से आपका काम नहीं चलेगा। लोग आपका मूल्य तभी लगायेंगे जब आप अपना मूल्य स्वयं लगायेंगे। स्वयं को दीन-हीन न मानकर मूल्यवान रत्नों के समान अपना मूल्य लगाना होगा। आपकी जैसी आन्तरिक भावना होगी उसकी स्पष्ट झलक आपके चेहरे पर दिखाई देगी और वही स्पष्ट झलक दूसरों की नजर में आपका मूल्य निर्धारित करेगी।

याद रखिये, आपने अपना जो मूल्य निर्धारित किया है आपको उससे अधिक अपना मूल्य प्राप्त नहीं हो सकता। आप अपनी योग्यता का जितना अनुमान लगा सकते हैं उससे अधिक दूसरे लोग नहीं लगा सकते। अपने हाव-भाव और बोलचाल से आप अपना जो मूल्य निर्धारित कर लेंगे, संसार आपका उससे अधिक मूल्य नहीं लगा सकेगा। अगर आप स्वयं को साधारण व्यक्ति समझने लगेंगे तो आपके चेहरे से आपकी अपने प्रति धारणा लोगों को स्पष्ट दिखाई दे जाएगी, अगर आप स्वयं अपना सम्मान नहीं कर सकते तो यह बात आपके चेहरे से लोगों को साफ पता लग जाएगी और फिर वे आपका सम्मान नहीं करेंगे। आपमें जो योग्यता और गुण हैं, आपके चेहरे से स्पष्ट झलकने आवश्यक हैं। अगर आपके चेहरे से हीनता और निर्धनता टपकती रहेगी तो लोग आपकी ओर देखना पसन्द नहीं करेंगे।

वैचारिक शक्तिः

मनुष्य के मस्तिष्क में पहले विचार जन्म लेता है उसके बाद ही वह उस विचार को कार्यरूप में परिणत करने का प्रयत्न आरम्भ करता है। आपके मन में ऐसे विचार उत्पन्न होने चाहिये जिनका दूसरों पर प्रभाव पड़ सके। और जब लोग उन्हें प्रत्यक्ष देखें तो आपके गुणों, योग्यता और शक्ति सामर्थ्य को स्वीकार कर लें। अगर आप लोगों पर अपना प्रभाव स्थापित करना चाहते हैं तो आपके मन में वैसे ही विचारों का उत्पन्न होना आवश्यक है।

आपके आन्तरिक विचार और भावनाएं ही आपके गुणों, योग्यताओं और चरित्र के प्रतीक होते हैं। लेकिन जब तक आपमें आत्मविश्वास पैदा नहीं हो जाता, ठोस विचार मन में जन्म ही नहीं ले सकते।

आप अमुक कार्य को कर सकते हैं, अगर आपमें यह अडिग और दृढ़ विश्वास है तो कोई कारण नहीं कि आपको उस काम में सफलता न मिले। जिस व्यक्ति में आत्मविश्वास कूट-कूटकर भरा होता है, वह जिस काम को भी हाथ में लेता है उसे पूरा कर ही डालता है। उसकी राह में आने वाले व्यवधान उसके सहायक बन जाते हैं, उसके मन में कोई भ्रम और चिन्ता पैदा नहीं हो पाती।

आत्मविश्वास ही मानव के समस्त सफल जीवन का आधार है। जीवन-पथ में आने वाली बाधाओं को दूर करने का महामन्त्र है। यह एक ऐसा शब्द है जिसमें राह की बड़ी से बड़ी कठिनाई के पर्वतों को हटा पाने की शक्ति सामर्थ्य है।

याद रखिये, कर्ता और कर्म को जोड़कर पुल का स्वरूप देने वाला आत्मविश्वास ही है। कर्म की प्रेरणा के लिए जहां आत्मविश्वास की आवश्यकता है, वहां आत्मविश्वास ही कर्ता को सहायता प्रदान करता है। इसी के द्वारा कर्ता अपने काम में जुटता है और उसे साधन स्वतः ही उपलब्ध होते चले जाते हैं। जिस व्यक्ति में आत्मविश्वास होता है उसके सहायकों, समर्थकों और सहयोगियों की कोई भी कमी नहीं रहती।

6. घातक आवेश

क्रोध और चिन्ता व्यक्ति को निराश और असमर्थ बना देते हैं। कभी-कभी यही उसकी मृत्यु के कारण बन जाते हैं।

- होरेस फ्लैचर

मानव मन में आवेशों का उत्पन्न होना स्वाभाविक बात है। परिस्थितियां, कर्म, वाणी और विचार व्यक्ति के मन में आवेशों को जन्म देते हैं लेकिन अगर व्यक्ति इन आवेशों को काबू कर पाने में सफल नहीं है तो आवेश उसके जीवन के लिए घातक सिद्ध हो जाते हैं।

क्रोध में आकर या अत्यधिक चिन्ताग्रस्त होने पर भी आत्महत्या करने पर व्यक्ति विवश हो जाता है। क्रोध का आवेश अधिक देर तक तक नहीं रहता। थोड़ी देर बाद स्वतः ही शान्त हो जाता है। इसीलिए जरूरी है कि जब भी क्रोध का आवेश उत्पन्न हो व्यक्ति शान्त रहने का प्रयास करे। यह शान्ति धीरे-धीरे उसके क्रोध को शान्त कर देगी। वह क्रोध के कारण पुनः

विचार करने पर बाध्य हो जाएगा और तब न तो वह स्वयं आत्महत्या करेगा और न दूसरे की हत्या करने का प्रयास करेगा। क्रोध का कारण कुछ भी क्यों न हो लेकिन वह कारण अत्यन्त साधारण होता है। थोड़ी देर बाद जब क्रोध शान्त हो जाता है तो उसे अपनी भूल का पता चल जाता है लेकिन तभी जब उसमें आत्मनियंत्रण की शक्ति हो। और तभी वह क्षमा-याचना के लिए तैयार हो जाता है। क्रोध आने पर बुद्धि से काम लीजिये। अगर आप हर समय प्रसन्नचित्त रहेंगे तो क्रोध पैदा ही नहीं होगा और यदि पैदा भी होगा तो उसका आवेश क्षणिक और बहुत ही हल्का होगा। यदि कहीं आप आशावादी हैं तो आपके मन में दूसरों के लिए प्रेम, स्नेह और आदर की भावनाएं रहेंगी। आप क्रोध कर ही नहीं पायेंगे। प्रयत्न कीजिए कि आपका व्यवहार दूसरों के प्रति स्नेह और सम्मान से पूर्ण हो। यदि आपका व्यवहार ऐसा होगा तो आप किसी पर भी क्रोध नहीं कर पायेंगे। क्रोध का कारण होते हुए भी आपका स्वभाव और व्यवहार आपके आड़े आ जाएगा और आपके मन में पैदा होने वाली घृणा, ईर्ष्या, द्वेष तथा भय की ऋणात्मक भावनाएं स्वयं ही समाप्त हो जाएंगी।

ऋणात्मक भावनाएं:

ईर्ष्या, द्वेष, घृणा और भय की ऋणात्मक भावनाएं व्यक्ति के लिए बहुत ही घातक सिद्ध होती हैं, उनका सीधा प्रभाव व्यक्ति के स्वभाव तथा व्यवहार पर पड़ता है। उसकी प्रसन्नता नष्ट हो जाती है, हृदय में निराशा और उदासी भर जाती है। उसके साथ ही आसपास का समस्त वातावरण दूषित हो जाता है। स्नेह, दया और सम्मान तथा उदारता की भावनाएं नष्ट हो जाती हैं और व्यक्ति के सामने पतन तथा असफलताओं की राह खुल जाती है।

मन ही मन संकल्प कीजिए कि मैं आज क्रोध नहीं करूंगा-मैं आज और कल भी क्रोध नहीं करूंगा-मैं आज, कल और परसों भी क्रोध नहीं करूंगा, मैं पूरे सप्ताह-भर क्रोध नहीं करूंगा। आपके यह दृढ़ संकल्प आपमें इतनी शक्ति, सामर्थ्य और धैर्य उत्पन्न कर देंगे कि आपको क्रोध कभी नहीं आएगा। आप क्रोध पर सहज ही विजय पा लेंगे।

इसी प्रकार घृणा का भी व्यक्ति की पाचन क्रिया पर दुष्प्रभाव पड़ता है। उनकी भूख भी समाप्त हो जाती है। शरीर में रक्त बनना बन्द हो जाता है। मानसिक अशान्ति बढ़ने लगती है। आमतौर पर देखा गया है कि ईर्ष्या और घृणा के आवेश में वह कोई भी बुरा और बड़े से बड़ा अपराध कर बैठते हैं।

क्रोध, भय, घृणा और द्वेष के कारण व्यक्ति के शरीर में अनेक ऐसे रसायन पैदा हो जाते हैं जो विष से भी कहीं अधिक घातक होते हैं। सांप के मुंह में तो विष एक ही थैली में भरा होता है। उसके शेष शरीर में विष की मात्रा बिल्कुल नहीं होती, लेकिन ऋणात्मक भावनाओं से ग्रस्त व्यक्ति का तो सम्पूर्ण शरीर ही विषैला हो जाता है। जैसे ही उसे किसी आवेश का आघात पहुंचता है उसकी नस-नस में विष दौड़ने लगता है। उस विष को रोकने का कितना ही प्रयत्न क्यों न किया जाए, वह रुक नहीं पाता। और शरीर के समस्त रस-स्रावक अंग-प्रत्यंगों को दूषित कर देता है।

आपने देखा होगा कि इन आघातों से निराश व्यक्ति की श्वास की गति निराश हो जाने पर मन्द पड़ जाती है। इससे रक्त संचार में बाधा पड़ जाती है। आवश्यकतानुसार रक्त बन नहीं पाता। उसकी आंखों की चमक समाप्त हो जाती है। मांसपेशियां दुर्बल हो जाती हैं। और इस प्रकार वह अपने स्वास्थ्य से हाथ धो बैठता है।

प्रोफ़ेसर एलर गेट्स ने इस विषय में अनेक अनुसंधान किए। उनका कहना है कि- "ऋणात्मक भावनाओं से ग्रस्त शरीर, बल में निरर्थक नस-नाड़ियों और पुराने पड़ जाने वाले सेल्ज को शरीर से बाहर निकालने का प्रयत्न करता है। शोक में उसकी आंखों से आंसू निकलने लगते हैं। भय तथा दुर्घटना होने पर उसके मन में ऐसी हलचल पैदा हो जाती है कि वह अपनी शक्ति से अधिक काम करने पर विवश हो जाता है। भयभीत होने पर शरीर से पसीना फूटने लगता है, मुंह का स्वाद कड़वा हो जाता है। अत्यधिक प्रसन्न होने पर भी पसीना आने लगता है। लेकिन उसमें उतनी दुर्गन्ध नहीं होती, जितनी भय से आने वाले पसीने में होती है और इस प्रकार शरीर में विषैले तत्व पैदा होते और बढ़ते चले जाते हैं।"

इसलिए जब भी आपको किसी भी इस प्रकार के आवेश से आघात पहुंचे तो अपनी सांस और गुर्दों को सामान्य गतिवान बनाए रखिए।किसी खुले स्थान में चले जाइये या किसी नदी, तालाब या झील में स्नान कीजिए। इससे रोम कूप खुल जाते हैं और आवेश समाप्त हो जाता

या फिर किसी ऐसे स्थान में चले जाइये जहां मन बहल सके। संगीत सुनिये, नृत्य या फिल्म देखिए। इससे आपके मन पर छाये शोक भय, क्रोध और चिन्ता समाप्त हो जाएंगे।

हौरेस फ्लेचर ने कहा है- "यदि किसी व्यक्ति की मृत्यु पर रोने, विलाप करने या शोक करने की अपेक्षा उस व्यक्ति के सद्गुणों की प्रशंसा की जाए, उसके जीवन की महत्त्वपूर्ण घटनाओं की चर्चा की जाए तो शोक का आवेश बहुत कम हो जाता है।"

वस्तुतः कोई भी आवेश हो, आप उसके आवेश को तभी सहन कर पायेंगे जब आपमें आत्मसंयम हो, आत्म निर्णय हो।

7. आगे बढ़िए

लोगों को अपने अंदर की शक्ति से परिचित कराना, उनके अन्दर छिपे उनके विशाल स्वरूप और विराट गौरव का उन्हें ज्ञान कराना, संसार का सबसे कठिन और सबसे महत्त्वपूर्ण कार्य है।

न्यूयार्क में एक विद्यालय की प्रिंसिपल रहती थी। अपने जीवन के अनुभवों में उसने लिखा है- "जब मुझे इस बात की अनुभूति हुई कि इस संसार में आकर मुझे कोई महत्त्वपूर्ण कार्य पूरा करना है, तब मुझे अनुभव हुआ कि मेरे 'मैं' के अन्दर कोई और 'मैं' है जो बाहरी मैं से अधिक शक्तिशाली और निर्मल है। उस दिन से यह विद्यालय मेरे लिए संसार बन गया। सारी धरती मेरे लिए एक कर्मक्षेत्र बन गई।" अपने इस रूप को पहचान कर यह नारी एक सफल अध्यापिका ही नहीं बल्कि जीवन के प्रत्येक क्षेत्र में एक महत्त्वपूर्ण व्यक्तित्व बन गई। अपने को पहचानने से वह आत्म-विकास की मंजिल पर पहुंच गई।

लोगों को अपने अन्दर की शक्ति से परिचित कराना, उनके अन्दर छिपे उनके विशाल स्वरूप और विराट गौरव का उन्हें ज्ञान कराना, संसार का सबसे कठिन और सबसे महत्त्वपूर्ण कार्य है।

विलियम जेम्स एक प्रोफेसर थे। उनका कहना है, "प्रत्येक मनुष्य में एक अद्भुत गुप्त शक्ति है, जिसकी न तो वह स्वयं और न ही कोई कल्पना कर सकता है। यदि ऐसा कोई यन्त्र निकल जाये जो मन की शक्तियों को नाप सके, तो हम अपनी शक्तियों को देखकर ही चकित रह जायेंगे।"

निज को जानो:

जिस समय कोई व्यक्ति अपने अन्दर के गुणों को, अपने अन्दर की शक्तियों को, अपनी आत्मा को पहचान लेता है, वह उस व्यक्ति के जीवन का सबसे महत्त्वपूर्ण क्षण होता है। पर ऐसे लोग बहुत कम होते हैं, जो अपने को पहचान पाते हैं। अपने को समझना संसार में सबसे कठिन और सबसे बड़ा काम है। एक धार्मिक किंवदंती है कि परमेश्वर जब मनुष्य की रचना करके उसे दीर्घ जीवन की यात्रा पर भेजने लगा, तब देवदूत मनुष्य को संतोष प्रदान करने लगे। परमेश्वर ने देवदूतों को मना कर दिया और कहा कि यदि तुम ऐसा करोगे तो मनुष्य को पग-पग पर खोजें करने से मिलने वाले उल्लास को खत्म कर दोगे। मनुष्य जब निकलकर एक तटस्थ के रूप में आत्म निरीक्षण करता है, तभी वह अपने को समझ पाता है। जब मनुष्य अपने को समझ लेता है, तब उसके सोये हुये ईश्वरीय गुण जागृत हो उठते हैं। उसमें दैवी शक्ति आ जाती है।

कई बार मनुष्य को किसी ऐसे कार्य की सिद्धि हो जाती है कि वह स्वयं आश्चर्य में आकर अपन आपसे पूछने लगता है कि क्या सचमुच यह कार्य मैंने किया था? परन्तु इसमें हैरान होने की कोई बात नहीं।

संसार का कोई कार्य, चाहे कितना ही ऊंचा, कितना ही महान् और गौरवशाली क्यों न हो, लेकिन मनुष्य के हाथों हुआ है। क्या आप सोच सकते हैं कि एक नन्हे से बीज में यह शक्ति है कि वह इतने लम्बे-चौड़े वट-वृक्ष को जन्म दे सके, तो मनुष्य के छोटे से विचार में कितनी शक्ति हो सकती है, इसे आप ही की कल्पना पर छोड़ते हैं।

आपकी वर्तमान कार्य-शक्ति से कई गुणा शक्ति आपके अन्दर है। आप इस समय में जो कुछ कर रहे हैं, उसकी अपेक्षा वह अधिक महत्त्वपूर्ण है जो

आप भविष्य में करने की इच्छा रखते हैं। आपका जीवन लक्ष्य ही आपका ध्रुवतारा है, जो आपको अपनी ओर आकर्षित करता है। उच्च इच्छा, उद्दात आकांक्षा, आत्मा की पहचान, प्रबल कार्य शक्ति और तन्मयता, यही है विकास का क्रम।

अन्तःकरण को समुद्र की तरह गहरा, गम्भीर और पर्वत-सा महान् बनाने पर ही किसी कार्य की प्राप्ति हो सकती है। यह मत समझिए कि आप इस बात को नहीं कर सकते या यह बात किसी व्यक्ति विशेष के लिये है। हो सकता है, आपमें भी उन शक्तियों का सागर लहरा रहा हो, आपका तो केवल यही काम है कि आप अपने अन्दर की शक्तियों के अजस्र से अपने काम का सम्बन्ध जोड़ दें।

हो सकता है, आपको विश्वास न हो कि आपके अन्दर भी वह शक्ति है, जिससे संसार में बड़े-बड़े मनुष्यों ने महान् कार्य किये। परन्तु सच मानिये, यह बात नहीं कि शक्ति न होने के कारण बहुत से लोग महान् कार्य नहीं कर पाते, बल्कि वास्तविकता यह है कि मनुष्य अपनी शक्तियों को न पहचानने के कारण ही जीवन में महान् कार्य करने से वंचित रह जाता है। आपको क्या पता होगा कि आपके अन्दर गुणों; विशेषताओं और योग्यताओं की कितनी खानें छिपी हैं। अपनी शक्तियों के सच्चे स्वरूप से अनजान रहकर आप कभी भी जीवन के उद्देश्य में सफल नहीं हो सकते। जब तक कोलम्बस अमेरिका नहीं पहुंचा, तब तक वहां के निवासियों को यह नहीं पता था कि यूरोप भी संसार में है।

इमर्सन का कथन है- "संसार में बहुत कम ऐसे मनुष्य हैं जो मरने से पहले अपने जीवन को, अपने को समझ लेते हैं। अधिकतर लोग तो अपने जीवन के कार्य को पूरा किए बिना संसार से कूच कर जाते हैं। कई बार महाबलशाली मनुष्यों को भी उसकी योग्यता से परिचित कराने के लिए उन्हें जगाने की आवश्यकता पड़ती है।"

लोग अपने कार्यों में सफल न होने पर अक्सर यह कहते हैं- "यदि मुझमें लिंकन या रूजवेल्ट की-सी शक्ति होती तो मैं सफल हो जाता।" जबकि सच्चाई यह है कि अगर वह अपनी शक्ति को समझ पाता तो शायद लिंकन

और रूजवेल्ट से भी आगे बढ़ जाता। मनुष्य की शक्ति की कोई सीमा नहीं है, जब तक आपने अपनी प्रत्येक शक्ति से परिचय नहीं प्राप्त किया, उसे जगाया नहीं, उसकी परीक्षा नहीं की, तब तक आपको कैसे मालूम होगा कि आप शक्तिहीन हैं। अपनी शक्तियों को बारीकी से देखिए, जागृत कीजिए, एकाग्रचितता से कार्य में लगाइए, तब देखिए कि कार्य किस तरह पूरा नहीं होता- सफलता कैसे नहीं मिलती?

निराशा मानसिकता:

बड़ी कठिनाई यह है कि मनुष्य दूसरों की महत्ता को देखने में अपना कितना कीमती समय खो बैठते हैं। वह जलन में अपना बहुत-सा रक्त सुखा डालते हैं। जबकि उन्हें दूसरों की सराहना के बाद अपना कीमती समय अपने जीवन लक्ष्य की ओर लगाना चाहिए।

इमर्सन के आत्मविश्वास लेख में एक उदाहरण आया है। एक बार ड्यूक के पास एक शराबी बुरी दशा में लाया गया। लोग उसे नाली से उठाकर लाए थे। उस शराबी को साफ करके अच्छे कपड़े पहनाकर ड्यूक के ही पलंग पर सुलाया गया। जब उसकी आँख खुली तो सब उसके साथ ऐसा बर्ताव करने लगे जैसे ड्यूक वह हो। इसी तरह संसार में मनुष्य अपने अच्छे स्थान को भुलाकर शराबी और बावला-सा बना फिरता है। जब उसे वास्तविकता की पहचान हो जाती है तो वह अपने जीवन की मंजिल पर पहुंचकर ही चैन लेता है।

आज मानव अपने शरीर को बेसहारा, कमजोर और बेकार समझता है। ज्यादातर लोगों का यही हाल है। कुछ गिने-चुने मनुष्य ही आगे बढ़ने व तरक्की के लिए काम करने को तत्पर रहते हैं। बाकी लोग तो अपने जीवन के कामों में समय काट देते हैं। मनुष्यों के पूछने पर अक्सर कह देते हैं, जीवन काट रहे हैं। इससे स्पष्ट होता है कि वे कुछ कर नहीं रहे कुछ बनाने में नहीं लगे, केवल काट ही रहे हैं, कुछ अपने खाने के लिये, कुछ खराब करने के लिये।

जो मनुष्य अपने आपको पहचान लेते हैं, वह ईश्वर को जानते हैं। इस आत्मदर्शन से अन्तःप्रेरणा मिलती है, जो मनुष्य के जीवन को बड़े से बड़ा व उच्च से उच्चतर बना देती है। अपनी ताकत की पहचान किनारे पर बैठे रहने में नहीं होती, बहुत बार कर्मक्षेत्र में अनेक परेशानियों का मुकाबला करने पर अपने अन्दर की ताकत का पता चलता है।

कभी-कभी ऐसा प्रतीत होता है कि लेखक अपनी पहली रचना सम्पादक को छपने के लिए भेजता है परन्तु उसे धन्यवाद सहित वापस लौटा दी जाती है, इससे उस लेखक में लिखने की ताकत जाग उठती है। कुछ मनुष्यों की अन्दर की ताकत। इतनी गहरी छिपी होती है कि उन्हें किसी विशेष घटना पर ही कार्य करने की प्रेरणा मिलती है। साधारण काम करने पर, साधारण जीवन में उनकी ताकत नहीं जागती। किसी विशेष घटना के घटने पर, जैसे सिंह से मुठभेड़ या बिजली की घोर गर्जना होने पर अथवा भयंकर प्रहार होने पर ही उनकी ताकत पर चोट पहुंचती है, फिर ताकत तेजी से उठकर ज्वाला की तरह प्रकट होती है।

कुछ पेड़-पौधों के पत्ते मसलने पर खुशबू पैदा होती है। इसी प्रकार कुछ मनुष्य संकट पर ही चमकते हैं, जो उनके जीवन को महान् बना देता है। ऐसे मनुष्यों के जीवन का अधिकतर समय यों ही बीत जाता है। अचानक फिर कोई घटना घट जाती है तो उनकी शक्ति फिर जागृत हो जाती है और उनकी प्रतिभा जाग उठती है।

अब्राहम लिंकन को राष्ट्रपति तथा ग्रांट को महान् सेनापति अमेरिका की घरेलू लड़ाई ने ही बनाया। ग्रांट चालीस वर्ष का हो गया था, पर उसको घर के लोगों के अलावा कोई नहीं जानता था। वह खुद भी अपनी शक्तियों से अनजान था। उसके या उसके कुटुम्ब के किसी भी आदमी के दिल में यह विचार नहीं आया कि वह एक अच्छा सेनापति बन सकता है। किसी को भी यह जानकारी नहीं थी, अमेरिका के पहले राष्ट्रपति के बाद दूसरा आदमी यह होगा जो अमेरिका का भाग्य विधाता बनेगा। ग्रांट "वैस्ट प्वाइंट" बी.ए. तक एक सामान्य विद्यार्थी रहा। जब यह बत्तीस वर्ष का हुआ तो उसको अयोग्य मानकर नौकरी से त्यागपत्र देने के लिए मजबूर कर दिया गया। वहां से नौकरी छोड़कर कस्टम हाउस में नियुक्त हुआ वहां पर इसे नौकरी से निकाल

दिया गया। तदुपरान्त स्टोरकीपर की नौकरी मिली, इसके बाद ट्रेनर, परन्तु इसे कहीं भी सफलता नहीं मिली।

फिर एक दिन अमेरिका में ऐसे चमक उठा कि उसे देश का महान् सेनापति बना दिया गया। अमेरिका की घरेलू लड़ाई ने उसे झकझोर दिया और सीधे उसके अन्दर के महान् सेनापति को जगा दिया। उसकी कार्य शक्ति, कुशलता व प्रभाव देखकर सारा संसार चकित रह गया।

इसी प्रकार सुप्रसिद्ध न्यायाधीश मिल्टन 37 वर्ष की आयु तक कानून का एक अक्षर न पढ़ पाया था। परन्तु एक दिन इसके बाद 10 वर्ष के अन्दर ही किसी आन्तरिक शक्ति के बल पर वह अमेरिका में न्याय के सर्वोच्च पद पर जा पहुंचा। वह सबसे बड़ा न्यायाधीश बन गया।

अचानक कोई घटना, कोई संकट या कोई प्रेरणा मनुष्य के जीवन में ऐसा परिवर्तन ला देती है जिससे जीवन कहीं से कहीं जा पहुंचता है। हमारे व्यक्तित्व का विकास बाहरी सहायता पर नहीं है, बल्कि बाहरी सहायता भी हमारी ताकतों से मिलती है। परेशानियों में संघर्ष करते हुए जब हम आगे बढ़ते हैं तो हमें सहायता खुद-ब-खुद मिल जाती है, अर्थात हमारे सहायक हमें अपने आप मिल जाते हैं। किसी व्यक्ति का जीवन उसके पूर्वजों या परिवार की दी हुई सम्पति के बल पर ही सफल नहीं बन सकता। अपने अन्तःकरण के द्वारा ऐश्वर्य के दर्शन करने के उपरान्त ही आप उसे प्राप्त कर सकते हैं। उदाहरण के लिए बढ़िया आटा होने पर भी रोटी बढ़िया नहीं बनी हो तो आप स्वाद का आनन्द नहीं ले सकते। यदि रोटी अच्छी तरह पकी होगी तो खाने में अधिक स्वादिष्ट लगेगी। इसी प्रकार जब तक शक्तियों का विकास नहीं होता, जीवन में आनन्द नहीं प्राप्त होता।

आपके अन्दर सब प्रकार के गुण हैं। आपके अन्दर सब प्रकार की शक्तियां हैं। आपके अन्दर बड़े से बड़ा बनने की शक्ति है। परन्तु जब तक आप उनको विकसित नहीं करते अर्थात् फुलाते नहीं, तब तक वह बीज की भांति रह जाएंगे। बीज भी जब फूलता है तभी उसमें से अंकुर फूटता है। यही अंकुर काफी समय के बाद वृक्ष बन जाता है। फ्रैंक क्रेन का यह मत है कि सर्वोत्तम गुण वही है जो आत्म-परिचय कराने के लिए आपका मार्ग-दर्शन करता है।

८. सुख और शांति

वास्तव में सुख मानव की मानसिक तथा आत्मिक शान्ति है और यह शान्ति उसे सभी मिल सकती है, जब उसके ह्रदय में संतोष की भावना हो।

लोगों की धारणा है कि जो व्यक्ति जीवन में सफल हो जाते हैं वे ही सुखी होते हैं। अमुक व्यक्ति को धन पैदा करने में सफलता मिल गई। उसके घर में लक्ष्मी का निवास होगा। कारें हो गईं-कोठियां बनवा लीं, आलीशान बंगले में रहता है। धन उसके कदमों में बिखरा पड़ा है। घर में सभी प्रकार के सुख के साधन हैं। उसे सभी प्रकार के सुख प्राप्त हैं। वह पूर्णरूप से सुखी है।

लेकिन लोगों का ऐसा समझना भूल है। अगर आप उस व्यक्ति के अन्तर में झांककर देखें तो आपको पता चलेगा कि वह सुखी नहीं बल्कि एक अभावग्रस्त व्यक्ति से कहीं अधिक दुखी है। मानसिक रूप से तनावग्रस्त है। किसी भी प्रकार उसे मानसिक शान्ति नहीं मिल पा रही है। वह शान्ति की

खोज में भटक रहा है। धन, जिसे इकट्‌ठा करने के लिए उसने खून पसीना बहाया था, उसके जीवन को बुन की तरह खाए जा रहा है।

इस प्रकार के धन सम्पन्न, वैभवशाली लोग मानसिक शक्ति की खोज में बड़े-बड़े ज्ञानियों, साधु, संन्यासियों, पीर-फकीरों और तीर्थों की खाक छानते फिरते हैं। मन्दिरों में, पीर-फकीरों की मजारों पर जाकर भगवान् और पीरों से सुख, शान्ति की भीख मांगते रहते हैं। लेकिन उन्हें मानसिक शान्ति नहीं मिल पाती। उनकी आत्मा शान्ति की खोज में जगह-जगह भटकती रहती है।

सुख का मूल आधारः

जो लोग यह समझते हैं कि धन ही सुख का मूल आधार है, उनकी यह धारणा बिल्कुल गलत है। फिर प्रश्न उठता है कि अगर धन-वैभव से सम्पन्न लोग ही सुखी नहीं हैं तो संसार में सुखी कौन है। सुख और शान्ति है कहां? सुख-शान्ति आखिर मिलती कैसे है? उनकी प्राप्ति का साधन और आधार क्या है? क्या धन, वैभव-सम्पन्न हो जाना ही जीवन की वास्तविक सफलता है?

लेकिन जब आप इन प्रश्नों पर विचार करेंगे तो सहज ही आप जान जायेंगे कि धन-वैभव तथा साधन-सम्पन्न हो जाना ही जीवन की वास्तविक सफलता नहीं है। यह हमारा भ्रम है। जिसे हम वास्तविक सफलता मान बैठे हैं।

वास्तव में सुख मानव की मानसिक तथा आत्मिक शान्ति है। और यह शान्ति उसे तभी मिल पाती है, जब उसके हृदय में सन्तोष की भावना हो। इसलिए किसी भी व्यक्ति को तब तक सुखी और सफल नहीं माना जा सकता जब तक कि उसे मानसिक तथा आत्मिक शान्ति प्राप्त न हो। भौतिक सफलताएं वास्तविक सफलताएं नहीं होतीं। लेकिन सांसारिक सुख प्राप्त करने के लिए भौतिक सफलताएं भी आवश्यक हैं।

आज का युग भौतिकवादी युग है। भौतिक साधनों के अभाव में मानव आसानी से जीवन व्यतीत नहीं कर पाता। इसलिए जीवन की पहली आवश्यकता भौतिकवादी सुख-साधनों को एकत्र करना है। लेकिन ये

भौतिकवादी सुख-साधन ही सब कुछ नहीं हैं। ये मानव जीवन का अन्तिम लक्ष्य भी नहीं हैं। इनसे सुख का विशेष सम्बन्ध जरूर है किन्तु सुख तो इन भौतिकवादी सुख-साधनों से भी आगे की वस्तु है। उस वस्तु का इन भौतिक सुख-साधनों से केवल इतना ही सम्बन्ध है कि इनसे मनुष्य को जीवन में अनेक सुविधाएं मिल जाती हैं। काम करने में आसानियां हो जाती हैं। अधिक श्रम नहीं करना पड़ता। आराम मिलता है। अर्थात् इन भौतिक सुख-साधनों से आप केवल शारीरिक सुख प्राप्त कर सकते हैं। लेकिन क्या शारीरिक सुख ही वास्तविक सुख है?

हर देश की सरकार अपने देशवासियों के लिए अनेक प्रकार की सुविधाएं जुटाती है। उन्हें अपना जीवन सुख से बिताने के लिए अनेक भौतिक साधन जुटाती है। लेकिन क्या सरकार और शासन आपको वास्तविक सुख दे पाता है?

आप अपनी समस्त सफलताओं से प्रसन्न होकर सबसे पहले उस परमपिता को धन्यवाद दें जिसने मुक्त हस्त होकर आपको ये सारी सफलताएं दी हैं। इसके लिए आपको प्रतिदिन थोड़ा-सा समय ईश्वर की आराधना में अवश्य लगाना चाहिए। हमेशा दूसरों के हित की ही कामना करें। ऐसे कामों में रुचि लें जिनसे अधिक से अधिक लोगों का हित हो। परमार्थ को जीवन का ध्येय बना लें। फिर देखें कि आपके सुख में कितनी वृद्धि होती है।

परोपकारः

जो व्यक्ति केवल अपने लिए ही जीते हैं, उन्हें सच्चा सुख कभी प्राप्त नहीं हो सकता। सुख तो दूर की बात है उन्हें अपने जीवन से ही संतुष्टि प्राप्त नहीं होती। संतुष्टि उसी व्यक्ति को प्राप्त होती है जिसके हृदय में परोपकार की भावना होती है। जो अपने लिए नहीं जीता, बल्कि दूसरों के हित के लिए जीता है।

विश्वास रखिए, यदि आपके हृदय में दूसरों के प्रति दया है तो हर समय यह विश्वास बना रहना चाहिए कि ईश्वर हर समय उसके साथ रहता है इसलिए उसे कभी असफलता का मुंह नहीं देखना पड़ेगा। उसे हमेशा याद

रखना चाहिए कि उसमें शक्ति सामर्थ्य और पुरुषार्थ की कमी नहीं है। वह हर परिस्थिति का सामना वीरतापूर्वक कर सकता है। प्रत्येक बाधा को ठोकर मारकर अपने रास्ते से हटा सकता है। वह अपने पुरुषार्थ से अपने लक्ष्य को प्राप्त कर सकता है और यह अडिग आस्था ही उसका सबसे बड़ा सम्बल बन जाती है।

फ्रांस के विख्यात सेना नायक ड्राइफस की कहानी उसकी आस्था का एक ज्वलन्त उदाहरण है। उसकी आस्था ने ही उसे फांसी के तख्ते पर चढ़ने से बचा लिया था। फ्रांसीसी सेना के कुछ भ्रष्ट अफसरों और जवानों ने ड्राइफस से अपने आपको बचाने के लिए साजिश की और उस पर झूठे आरोप लगाकर जेल में डलवा दिया। लेकिन ड्राइफस निर्दोष था। फ्रांस के साहित्यकारों और पत्रकारों व बुद्धिजीवियों ने ड्राइफस की गिरफ्तारी को अनुचित बताते हुए उस साजिश का भंडाफोड़ करने का अनथक प्रयत्न किया।

उन्होंने ड्राइफस के समर्थन में राष्ट्रव्यापी आन्दोलन छेड़ दिया। लेकिन फ्रांस की तत्कालीन सरकार के कानों पर जूं नहीं रेंगी। षड्यन्त्रकारियों ने यह अफवाह उड़ा दी कि ड्राइफस जल्दी ही जेल तोड़कर भाग जाने वाला है। यह अफवाह इतना जोर पकड़ गई कि ड्राइफस पर लगे पहरे को और अधिक कड़ा कर दिया गया। उसके हाथ भारी जंजीर से बांध दिए गए। पैरों में भारी-भारी बेड़ियां डाल दी गयीं। उसे सभी प्रकार की सुविधाओं से वंचित कर दिया गया।

लेकिन जेल की यातनायें ड्राइफस की आस्था को नष्ट नहीं कर सकीं। बल्कि उन्होंने उसकी आस्था को और भी दृढ़ता प्रदान कर दी। ड्राइफस को लगा कि जेल में ही किसी भी दिन उसकी जीवन-लीला समाप्त हो जाएगी। लेकिन उसने अपनी आस्था को निर्बल नहीं होने दिया। उसमें रत्ती-भर भी कमी नहीं आने दी। उस राष्ट्रव्यापी आन्दोलन का परिणाम यह हुआ कि ड्राइफस के विरुद्ध किये गए षड्यन्त्र का भांडा फूट गया और उसे फांसी पर लटकाए जाने के बजाय सम्मान सहित रिहा कर दिया गया। ड्राइफस की आंखों के आगे फांसी का फन्दा नाच रहा था। लेकिन उसने अपनी आस्था का दामन नहीं छोड़ा। बड़े साहस और निर्भीकता से अपने पर लगाये गये

प्रत्येक आरोप का वह मुंहतोड़ जवाब देता रहा। उन विषम परिस्थितियों में अगर उसकी आस्था जरा-सी भी डगमगा जाती तो वह अपने सिर पर थोपे गए आरोपों को लिए हुए संसार से विदा हो जाता।

आस्था और विश्वासः

अपने विश्वास को सशक्त बनाइए। अपने अन्तर में आस्था पैदा कीजिए। हमेशा सिर उठाकर चलिए। आपका विश्वास और आस्था आपमें स्वयं के प्रति गर्व की भावना पैदा कर देंगे। सिर झुककर, रोनी सूरत बनाकर, चेहरा लटकाकर तो वे लोग चला करते हैं जिनमें विश्वास और आस्था नहीं होती या जिन्होंने कोई अपराध किया होता है। लेकिन आपने तो कोई अपराध नहीं किया। फिर आप अपने मन में अपराधी भावना को स्थान ही क्यों देते हैं। क्या इसलिए कि आपके पास जीवन की सुविधाएं नहीं हैं, आप अभावग्रस्त हैं, निर्धन हैं, दुखी हैं और इन सबसे मुक्ति पाने का कोई साधन आपके पास नहीं है।

बस इतनी-सी बात? आप अपनी हीनता और अभावों का प्रदर्शन क्यों करते हैं। आप यह क्यों भूल जाते हैं कि अभावों और इस हीनता के लिए आप स्वयं ही जिम्मेदार हैं। ये चीजें किसी अन्य व्यक्ति ने जबरदस्ती आपके सिर पर नहीं थोपीं। अपने अभावों या दीनता को रोने और मुंह लटकाए रहने की बजाय जो भी विषम स्थिति आपके सामने है उसका सामना करके, उसे मिटाने और बदलने की कोशिश कीजिए। संसार को यह मत दिखाइए कि इस रूप के लिए आप स्वयं जिम्मेदार हैं, आप अपराधी हैं। आपने जो कुछ किया था उसका फल भोग रहे हैं। इन हीन भावनाओं को झटक कर दूर फेंक दीजिए। अपने हृदय में आस्था और विश्वास पैदा कीजिए। आप कुछ दिनों में ही देखेंगे कि आप में शक्ति और सामर्थ्य का अभाव नहीं है। आपमें संसार की समस्त शक्तियां, समस्त विशेषताएं पैदा हो गई हैं।

यह आस्था और विश्वास आपके सम्पूर्ण व्यक्तित्व के चारों ओर एक प्रभावमंडल का निर्माण कर देंगे। आपका उदास चेहरा आशा की ज्योति से जगमगा उठेगा। लोग कहते हैं कि संसार में जो भी महान् व्यक्ति होते हैं

उनमें एक अभूतपूर्व शक्ति होती है। वे सहज ही दूसरों को अपनी ओर आकर्षित कर लेते हैं। उनके व्यक्तित्व में जादू होता है। मोहिनी शक्ति होती है लेकिन यह सब कुछ नहीं होता है, होता है केवल वही प्रभावमंडल जिसे उनकी आस्था और विश्वास ने जन्म दिया है।

कुशल संगीतकार में यदि क्षमा भावनाएं और किसी के भी प्रति ईर्ष्या तथा द्वेष की भावना होती है तो विश्वास रखिए आपको निश्चित रूप से सम्मान और ख्याति मिलेगी। प्रसन्नता मिलेगी। और जब ये सब वस्तुएं मिल जायेंगी तो आपको स्वतः ही संतोष मिल जाएगा। और यह सन्तोष ही सुख का मूल आधार है। फिर आपके चेहरे पर सन्तोष की आशा दिखाई देने लगेगी। तब आप सम्पूर्ण रूप से सुखी और सफल व्यक्ति बन जाएंगे।

अगर आपकी वाणी में मधुरता है, आपकी भाषा संयत और शिष्ट है, आपके बात करने के अंदाज में आकर्षण है जो आपसे मिलकर लोगों को प्रसन्नता होगी और उनकी इच्छा होगी कि वे बार-बार आपसे मिलें। अगर ऐसा होता है तो आप निर्विवाद रूप से सुखी भी हैं और सफल भी हैं। जिस व्यक्ति में ये गुण होते हैं वह जीवन में कभी दुखी नहीं होता और न असफलता का ही उसे कभी मुंह देखना पड़ता है।

आप बहुत ही मिलनसार हैं। आप जिससे भी मिलते हैं बड़ी गर्मजोशी के साथ और खुले दिल से मिलते हैं। आपसे जिसकी भी तुलना होती है उसे ऐसा लगता है कि आपके साथ उसकी वर्षों पुरानी निकटता है, घनिष्ठता है। पहली-पहली बार मिलने वाले को भी आपके अन्दर एक अपनापन दिखाई देता है। आपके चेहरे पर हर समय खेलती रहने वाली मुस्कराहट सहज ही दूसरों को अपनी ओर आकर्षित कर लेती है। कोई भी यह नहीं कह सकता कि इतने गुणों के होते हुए भी आप सुखी नहीं हैं।

आपकी जितनी आमदनी है आप उसी में संतुष्ट हैं। कम आमदनी होते हुए भी बड़े संतोष के साथ प्रगति की ओर बढ़ रहे हैं। आपको फिजूलखर्ची की आदत नहीं है। आपकी रुचि अत्यन्त परिष्कृत है। समाज जिन आदतों और प्रवृत्तियों को बुरा समझता है, यदि वे बुरी और गन्दी आदतें आपमें नहीं हैं तो आप निश्चित रूप से सुखी हैं।

चारित्रिक दृढ़ता:

आपका चरित्र निष्कलंक है। आप सदाचारी हैं। आपका चरित्र प्रत्येक कसौटी पर खरा उतरता है। कहीं भी जाने पर आप सोने के समान निर्दोष प्रमाणित होते हैं। समाज का कोई भी सदस्य यह नहीं कह सकता कि आपके चरित्र में अमुक दोष है, तब आप निःसंदेह सफल भी है और सुखी भी। सदाचार एक ऐसा गुण है जिसका विकास करते हुए मनुष्य सफलता की ऊंचाइयों को छूता चला जाता है। जो व्यक्ति सदाचारी होते हैं उनके आगे राजा को भी झुकना पड़ता है।

चरित्र में जितनी दृढ़ता होगी, उसमें आत्मशक्ति उतनी ही प्रबल होगी। इन गुणों के अतिरिक्त एक वस्तु और भी है जिसे प्राप्त कर लेने के बाद व्यक्ति स्वयं को सफल और सुखी समझ सकता है। वह वस्तु है-आशावाद-अर्थात्, निराशाओं से मुक्ति।

निराशाओं से मुक्ति किस तरह प्राप्त हो?

जीवन में आशाएं और उल्लास कैसे आयें?

जब हम इन दोनों प्रश्नों पर विचार करते हैं तो हमें पता चलता है कि हम अपने आत्मविश्वास, सूझ-बूझ, विश्वास तथा परिश्रम से ही निराशाओं से मुक्ति पा सकते हैं। इसलिए आवश्यक है कि हृदय में आशाएं जगाएं। आत्मविश्वास के साथ आगे बढ़े। आप में जो भी कमियां हों, उन्हें आप बड़ी सुगमता से दूर कर सकते हैं।

आवश्यकता है प्रयास करने की।

यदि आपका मन काम-वासनाओं से भर चुका है और आपके मन में वैराग्य की भावना पैदा हो चुकी है तो ऐसी कोई शक्ति नहीं कि आपके वैराग्य-पथ पर बढ़ने वाले कदमों को रोक ले। ज्ञान-विज्ञान की अच्छी पुस्तकों का अध्ययन करें ताकि काम के सम्बन्ध में पूरा ज्ञान हो जाये। इससे आप काम की वास्तविक शक्ति अर्थात् उसकी ऊर्जा के वास्तविक स्वरूप को समझ जायेंगे। इस ऊर्जा को यदि आप प्रेम से जोड़ देंगे तो काम के वास्तविक सुख का उपयोग कर सकते हैं। काम-वासना की ऊर्जा को

गलत ढंग से जोड़ने पर व्यक्ति में फ्रस्ट्रेशन की भावना पैदा हो जाती है। अनेक विचारकों का मत है कि आज विश्व में जितने भी दुःख हैं, असफलतायें और निराशायें हैं, इसी फ्रस्ट्रेशन के कारण हैं। इसलिए काम-चासना की संतुष्टि अनिवार्य है। इसकी कला सीखना आवश्यक है।

आप सभी प्रकार से सम्पन्न हैं। आपके पास करने के लिए कार्य हैं, जिससे आपका जीवन-यापन हो रहा है। लोग आपकी प्रशंसा करते हैं। आपकी ख्याति चारों ओर फैल रही है। ऐसी दशा में आपको सुख क्यों नहीं मिलेगा!

9. कामनाओं की पूर्ति

किसी वस्तु को पाने की केवल कामना करना उतना महत्त्वपूर्ण नहीं है, जितना महत्त्वपूर्ण है उसके सम्बन्ध में गम्भीरता से विचार करना।

प्रत्येक मनुष्य की सदैव यही अभिलाषा रहती है कि वह जो भी काम करे उसका उसे मनवांछित फल मिले। वह जिस वस्तु की भी कामना करे, उसे सहज ही प्राप्त हो जाये। हम भगवान् से निरन्तर प्रार्थना करते रहते हैं। हमारी प्रार्थना, भजन और कीर्तनों में यह भाव छिपे होते हैं, जिनमें भगवान् से किसी वस्तु की याचना ही जाती है।

परमात्मा से किसी वस्तु की याचना करना अनुचित नहीं है। लेकिन आप यदि उस वस्तु को पाने का प्रयास नहीं करते, केवल अपनी असफलताओं, अभावों, दुखों और परेशानियों का रोना ही परमात्मा के सामने रोते रहेंगे तो आपको कुछ भी प्राप्त नहीं होगा क्योंकि आपके मन में निर्धनता के विचार भरे होते हैं। असफलता और निराशा भरी होती है। परेशानियां बनी रहती हैं।

और सबसे बड़ी बात यह है कि आपके मन में यह बात इतनी गहरी बैठ गई है कि आप एक असफल व्यक्ति हैं और जीवन में कभी सफलता प्राप्त नहीं कर सकते। आप अपनी असफलताओं को दैवी चमत्कार से सफलताओं में परिवर्तित करना चाहते हैं। लेकिन यह किसी भी दशा में सम्भव नहीं है।

आपके पास जो कुछ भी है, वह क्यों है? वह इसलिए है कि आपके मन में उसके प्रति आकर्षण है। आप उन वस्तुओं को चाहते हैं।

व्यक्ति के मन में जिन वस्तुओं के प्रति आकर्षण होता है वह उन्हें एक न एक दिन प्राप्त कर ही लेता है। लेकिन यह तभी सम्भव हो सकता है जब व्यक्ति निरन्तर उसी के सम्बन्ध में सोच-विचार करता रहे, उसे प्राप्त करने का प्रयत्न करता रहे और उसके मन में यह दृढ़ धारणा और विश्वास हो कि उस वस्तु को पाकर ही रहेगा। किसी वस्तु को पाने की केवल कामना करना उतना महत्त्वपूर्ण नहीं है, जितना महत्त्वपूर्ण है उसके सम्बन्ध में गम्भीरता से विचार करना।

आज हमारे पास जो कुछ भी है, वह सारा उसी समय तक है जब तक कि हमारे मन में उसके प्रति आकर्षण है, उससे लगाव और स्नेह है। मैं अपने स्कूटर या कार को जब तक चाहूंगा वह मेरी ही रहेगी। नहीं चाहूंगा तो मेरी नहीं रहेगी।

इसी प्रकार अगर आप आशा, सफलता और सुख-समृद्धि की कामना करेंगे और निरन्तर उन्हीं के सम्बन्ध में सोचते-विचारते रहेंगे और उसे प्राप्त करने का प्रयास करते रहेंगे तो एक न एक दिन आप उसे प्राप्त कर ही लेंगे। यह निश्चित है।

सशक्त सोच:

आप यह सोचें कि आप वास्तव में हैं क्या? यह जानने के लिए थोड़ा-सा प्रयत्न कीजिये? आप नहीं जानते कि आपके अन्दर कितनी बड़ी शक्ति छिपी हुई है? आप उस शक्ति का ज्ञान न होने के कारण स्वयं को हीन, दुर्बल और अभागा समझते हैं। आप हर समय यही उल्टी बातें सोचते रहते हैं। इसलिए आपको हीनता मिलती है, आप क्योंकि हमेशा असफलताओं के बारे में

सोचते रहते है इसलिए आपके हाथ असफलता ही लगती है। यदि आप ऊंची बातें सोचेंगे तो आपको ऊंचाइयां प्राप्त होंगी। इसलिए आवश्यक है कि आप हमेशा अच्छी-अच्छी बातें ही सोचें। अगर आपको जीवन में निराशा और असफलता ही मिली है तो उसका प्रमुख कारण यह है कि आपने अपनी उचित और निरन्तर कोशिश नहीं की। इसलिए आप सफल नहीं हो सके।

आप जो चाहते हैं उसी के सम्बन्ध में विचार कीजिये। जब आप सफलता की ओर बढ़ते हैं और उसे पाने का प्रयत्न करते हैं तो कोई सन्देह नहीं कि सफलता आपको प्राप्त न हो। आप जिस समय भी असफलता के बारे में सोचते हैं, असफलता आपकी ओर चल पड़ती है। और सफलता आपसे दूर होने लगती है। क्योंकि आप स्वयं अपनी सफलता पर संदेह करने लगते हैं। क्योंकि आप उल्टी दिशा में चलने लगते हैं इसलिए उसका परिणाम भी उल्टा ही होगा।

यदि आपके मन में किसी वस्तु को प्राप्त करने की हार्दिक कामना है तो विश्वास कीजिये वह वस्तु आपके लिए सुरक्षित रखी है। एक न एक दिन आप उसे प्राप्त कर ही लेंगे।

अनथक प्रयास:

यदि आपको असफलताओं और परेशानियों का सामना करना पड़ रहा है तो चिन्ता करने की बिल्कुल आवश्यकता नहीं है। जो भी कामना है, आपका जो भी लक्ष्य है उस पर दृढ़ रहिए। उसे पाने का निरन्तर प्रयास करते रहिए। सफलता को कभी मत भूलिए। उसी के विचारों में डूबे रहिए। कभी भी यह मत सोचिए कि आप असफल हो सकते हैं, ऐसी स्थिति में आप सफलता को अपने दरवाजे पर खड़ा पायेंगे। आपको निश्चय ही सफलता प्राप्त होगी।

संसार में जितने भी सफल व्यक्ति थे या आज हैं, उन सबकी सफलता का एकमात्र रहस्य यही है कि वे लोग अपनी समस्त मानसिक और शारीरिक शक्तियों की सहायता से अपने लक्ष्य की ओर बढ़ते रहते थे, या बढ़ रहे हैं। उन्होंने इस ओर कभी ध्यान ही नहीं दिया कि लोग उनके सम्बन्ध में क्या कहते हैं, और क्या सोचते हैं। वे अपनी कल्पना की पूर्ति के प्रयास में

निरन्तर लगे रहे। अपने मन और अपनी आत्मा की आवाज को ईश्वरीय प्रेरणा मानकर चलते रहे।

यह अटल सत्य है। गोपनीय रहस्य है।

इस रहस्य को जानिये।

आपके हृदय में जो कामना पैदा होती है, जो आवाज अन्तःकरण से उठती है, आप मन ही मन जो कामना करते हैं वह आत्मा की ही प्रेरणा है। आप उसे पूरा कर सकते हैं, क्योंकि सभी कामनायें पूरी होने के लिए ही पैदा होती हैं। कुछ भी तो असम्भव नहीं है। वह सभी कुछ हो सकता है जिसकी कामना हृदय की गहराइयों से पैदा होती है।

कुछ लोग जिन्हें सफलता प्राप्त नहीं हो पाती, अपनी असफलता का दोष दूसरों के सिर मढ़ देते हैं। वे नहीं जानते कि अपनी गलती का दोष दूसरों के सिर मढ़ना अनुचित है। लेकिन असफलता से उत्पन्न खीझ उनकी इस बात को भुला देती है।

क्योंकि आपके मन से सफलता का, आगे बढ़ने का विश्वास उठ गया है, आपने अपना आत्मविश्वास खो दिया है, इसलिए आप सफलता प्राप्त करने के लिए पूरा प्रयत्न नहीं कर रहे। अगर आप पूर्ण विश्वास, दृढ़ संकल्प और अविराम परिश्रम से आगे बढ़ते रहेंगे तो सफलता आपके कदम अवश्य चूमेगी।

मानव के व्यक्तित्व का निर्माण दो चीजों से मिलकर होता है। सबसे पहली वस्तु है वंशानुक्रमण और दूसरी है वातावरण।

वंशानुक्रमण में परिवार के सदस्यों, विशेष रूप से दादा, दादी, नाना, नानी और माता-पिता के व्यक्तित्व की झलक बच्चे को विरासत में मिलती है। उसका कद, रंग-रूप, आदतें आदि बहुत कुछ अपने वंश के व्यक्तियों से मिलते हैं। इनके अतिरिक्त अनेक गुण भी वंश से मिलते हैं।

वातावरण का प्रभाव:

इसके बाद आता है वातावरण। वास्तव में व्यक्ति को अपने परिवार से जो कुछ मिलता है उसे बढ़ाने, घटाने या मिटाने में वातावरण का बहुत बड़ा हाथ

होता है। व्यक्तित्व वातावरण की ही देन है। आप जैसे वातावरण में रहते हैं, वैसे ही बनते हैं। जैसे लोगों के बीच रहते हैं, जैसी कल्पनाएं करते हैं, वैसे ही आपके विचार बनते हैं।

और ये विचार ही आपका चरित्र निर्माण करने में सहायता करते हैं। आपके हृदय में जो भावनाएं उत्पन्न होती हैं उनसे वातावरण का गहरा सम्बन्ध है। आपके मन में जो विचार उठते हैं, जो विश्वास पैदा होते है उन्हीं के अनुरूप आपका जीवन चलता चला जाता है।

कुछ व्यक्तियों के सम्बन्ध में यह कहा जाता है कि उन्हें हर काम में हमेशा ही सफलता प्राप्त होती है। वे जो भी कामना करते हैं, वह पूरी हो जाती है। वे जहां भी हाथ डालते हैं, वहां की मिट्टी भी सोना बन जाती है। वे जिस काम को भी हाथ में लेते हैं, वह कार्य हो ही जाता है।

इसका अर्थ क्या है?

इसका स्पष्ट अर्थ यही है कि वह व्यक्ति निरन्तर सफलता की ही बात सोचता है। वह सफलता के विचारों में डूबकर अडिग और अटूट विश्वास के साथ अपनी मनोकामना को पूरा करने का प्रयत्न करता है। निराशा को अपने पास कभी फटकने नहीं देता और यही उसकी सफलता का मुख्य कारण है।

आप भी अटूट आत्मविश्वास और अनथक परिश्रम के बल पर सफलता को अपनी ओर खींच सकते हैं। आप ईश्वरीय प्रेरणाओं से हर प्रकार की शक्ति, जिसकी आपको आवश्यकता हो, प्राप्त कर सकते हैं और उसी शक्ति के माध्यम से अपनी कामनाओं को पूरा कर सकते हैं।

आपके मन में जो भी कामना उत्पन्न हो, आप जो भी स्वप्न देखें, उसे ईश्वरीय प्रेरणा मानिए और फिर उस कामना को पूरा करने के लिए, उस स्वप्न को साकार बनाने के लिए आगे बढ़िए। कल्पना शक्ति सामान्य शक्ति नहीं होती।

संसार में जो बड़े और महान् आविष्कार हुए हैं उनका मूल कारण कल्पना शक्ति ही थी। यदि व्यक्ति को अपनी कल्पना की शक्ति पूरी तरह पता चल जाए तो उसके जीवन में महान् क्रांति आ सकती है। उसके जीवन की धारणा

ही परिवर्तित हो सकती है। जब आप सोते-जागते, उठते-बैठते, हर पल निरन्तर अपने लक्ष्य के सम्बन्ध में ही सोचते रहेंगे, उसी दिशा में प्रयत्नशील रहेंगे, उसे प्राप्त करने की कल्पनाओं में ही खोए रहेंगे तो आप अपने लक्ष्य को निश्चय ही पा लेंगे। इसमें सन्देह की कहीं कोई गुंजाइश ही नहीं होती।

आपने देखा होगा-कुछ दिनों पहले जहां की धरती ऊबड़-खाबड़ थी, बंजर और बीहड़ थी, पथरीली थी, जहां पठार थे, जहां घास का तिनका तक पैदा नहीं होता था-वहां आज हरी-भरी फसलें, फलों से लदे, बाग और महकते हुए फूलों से भरे बगीचे और पार्क दिखाई देते हैं।

यह सब किस प्रकार सम्भव हुआ। यह सम्भव हुआ परिश्रम से। परिश्रम के द्वारा ही ऐसे व्यक्तियों की कल्पनाएं साकार हो जाती हैं जो महत्त्वाकांक्षी होते हैं। कल्पना की शक्ति से ही आगे बढ़ने और सफलता को पाने का दृढ़ संकल्प पैदा होता है और जिन व्यक्तियों में दृढ़ विश्वास और दृढ़ संकल्प की भावना होती है, वही बीहड़-पर्वतों को हरे-भरे मैदानों में परिवर्तित कर देते हैं। वे ही शुष्क मरुस्थलों में नहरें बहाकर हरे-भरे उद्यानों में बदल देते हैं।

शक्ति का स्रोत प्रत्येक मनुष्य के अन्दर छिपा होता है, प्रत्येक व्यक्ति में कोई न कोई गुणा और प्रतिभा छिपी रहती है। ठीक उस भूखंड के समान जिसके अन्दर अपार सम्पदा छिपी रहती है। हीरे और सोने जैसे मूल्यवान रत्न और धातुएं छिपी रहती हैं। आवश्यकता होती है उसे खोजने की, पहचानने की।

सबसे पहले अपने आपको पहचानिये फिर अपनी शक्ति को पहचानिए और फिर अपनी सम्पूर्ण शक्ति, अडिग विश्वास और अटूट लगन के साथ अपने लक्ष्य की ओर बढ़िए। अपनी शक्ति पर पूरा-पूरा विश्वास रखकर जब आप अपने स्वप्नों को साकार बनाने की दिशा में बढ़ने लगेंगे तो राह आपको मिलती ही चली जाएगी और आप एक न एक दिन अपनी मंजिल को पा लेंगे।

भाग्य और संयोग:

जो लोग मूर्ख और आलसी होते हैं वे भाग्य और संयोग की बातें करते हैं। लेकिन वे यह भूल जाते हैं कि जब तक व्यक्ति कर्म नहीं करता, भाग्य और

संयोग भी उसका साथ नहीं देते। अगर कोई आदमी तेजी से उन्नति करता है तो लोग प्रतिद्वन्द्वी की तरह उससे आगे बढ़ने के बजाय उससे जलने लगते हैं। ईर्ष्या करने लगते हैं एवं उससे भी आगे बढ़ने का प्रयत्न करने के बजाय उसकी टांग पकड़कर उसे पीछे घसीटने का प्रयास करते हैं। उसकी बढ़ती हुई सम्पत्ति को देखकर उसे भ्रष्टाचारी, काला धन्धा करनेवाला और बेईमान कहने लगते हैं। यह सब तो वे अपनी झुंझलाहट मिटाने के लिए करते हैं लेकिन परिश्रम द्वारा उससे आगे बढ़ने का प्रयत्न कभी नहीं करते। वे उस शक्ति को नहीं देखते जो उस व्यक्ति की सफलता के पीछे थी। उस जैसा दृढ़ संकल्प, इच्छा शक्ति और विश्वास स्वयं में पैदा करने के बजाय ईर्ष्या के बीज मन में बो लेते हैं।

किसान भी खेत में बीज बोता है। बीज से अंकुर तभी फूटता है जब वह खेत की अच्छी तरह सिंचाई निराई-गुड़ाई और देखभाल करता है।

केवल बीज बो देना ही काफी नहीं होता। कामना का मन में पैदा होना तो केवल खेत में बीज बो देने के समान है। बीज बोने के बाद भी परिश्रम की अत्यन्त आवश्यकता होती है। इस ओर वह ध्यान ही नहीं देता। जिस प्रकार बिना निराई-गुड़ाई, सिंचाई और देखभाल तथा परिश्रम के कोई भी किसान न तो अपने खेतों में फसल उगा सकता है और न अनाज ही पैदा कर सकता है, उसी प्रकार मन में कामना के बीज बो लेने ही काफी नहीं हैं। उसकी पूर्ति के लिए अनथक परिश्रम और निरन्तर प्रयास की भी आवश्यकता है।

संसार में ऐसे लोगों की कमी नहीं जो पहले कभी बिल्कुल मामूली से आदमी थे। लेकिन आज वही व्यक्ति असाधारण बन गए हैं। कल जो व्यक्ति घर-घर जाकर अखबार बेचा करता था, आज वह नगर का असामान्य उद्योगपति हो सकता है। कल जो ठेली पर सामान बेचा करता था आज नगर का प्रमुख व्यापारी हो सकता है।

ऐसे कई उद्योगपति और व्यापारी हैं जो एक दिन किसी कारखाने में मामूली नौकर थे या मामूली सप्लायर थे, एजेन्ट थे; लेकिन उन्होंने रात-दिन परिश्रम किया। अपने लक्ष्य की प्राप्ति के लिए रात-दिन जुटे रहे। उनमें दृढ़ इच्छा शक्ति आत्मविश्वास तथा लगन थी। उन्होंने आशा का दामन एक पल के लिए भी अपने हाथ से नहीं छोड़ा था, इसलिए सफलता ने स्वयं आगे बढ़कर उनके कदम चूमे थे।

जो लोग निराशावादी होते हैं वे जीवन में कुछ नहीं कर पाते। इसलिए उन्हें अगर आगे बढ़ना है, कुछ करना है तो उन्हें चाहिए कि वे निराशा को हमेशा के लिए दफना दें। कोई भी व्यक्ति जो परिश्रम करेगा, अपनी कामना की पूर्ति कर सकता है, भले ही वह बहुत बड़ा लेखक बनना चाहे या डाक्टर, इंजीनियर अथवा किसी कला का विशेषज्ञ बनना चाहे, बन सकता है। लेकिन वह तभी अपने सपनों को साकार कर सकता है जब उसके लिए पूरा प्रयास करे।

कल्पनाएँ:

हम मन ही मन अपने जीवन के एक भव्य भवन का निर्माण करते हैं। अपनी कल्पनाओं द्वारा उसे सजाते हैं। हमने मन ही मन जो कल्पनायें की हैं वे हमारे मन में तो साकार हो चुकी हैं लेकिन वे जीवन में तभी साकार हो सकेंगी जब हम उन्हें साकार बनाने का प्रयत्न करेंगे।

हम अपने मन में जिस वस्तु या व्यक्ति को पाने की कामना करते हैं, हमारी सम्पूर्ण शक्तियां उसी की ओर आकर्षित हो जाती हैं और इसी आकर्षण के द्वारा हम उन वस्तुओं अथवा उन व्यक्तियों ने अपने निकट लाने में सफल हो जाते हैं। यह एक मनोवैज्ञानिक सत्य है।

इस बात को आप इस प्रकार समझ सकते हैं। आप किसी महानगर में जाकर अकेले ही रेलवे स्टेशन पर उतरते हैं, उस महानगर में न तो आपका कोई सम्बन्धी है, न परिचित है, न सामान्य जान-पहचान वाला ही है। इस अपार भीड़ को और अपने अकेलेपन को देखकर आपका यह एकाकीपन समाप्त हो जाए। जब आपके मन में यह इच्छा पैदा हो जाती है तो कुछ दिनों बाद ही आप देखते हैं कि उस अपरिचित महानगर में आपके कई मित्र बन गये हैं।

ऐसा कैसे हो गया? आपको स्वयं बड़ा आश्चर्य होगा। लेकिन इसमें आश्चर्य की कोई बात नहीं है। वास्तव में आपके मन में जो कामना पैदा हुई थी वह इतनी दृढ़ थी कि उसने अन्य लोगों को अपनी ओर आकर्षित कर लिया। आपकी सारी मानसिक शक्तियां उसी कामना की पूर्ति में जुट गई थीं। आप भले ही रेस्तरां में जाते थे नाटक या सिनेमा देखने जाते थे, आपकी आंखें हमेशा एक ऐसे साथी की तलाश करती रहती थीं जिसके विचार आपके

विचारों से मिलते हों। इसका अर्थ था कि आपके मन के विचार अपने जैसे विचारों को अपनी ओर खींचते थे और आपको कोई ऐसा व्यक्ति मिल ही जाता था, जो आपका घनिष्ठ मित्र बन जाता था।

अगर आपका साहित्य से लगाव है और आप साहित्यिक गोष्ठियों, कवि सम्मेलनों, पुस्तकालयों आदि में जाते रहते हैं या आपकी रुचि पत्र-पत्रिकाओं में है और आप उनके कार्यालयों में जाते रहते हैं तो आपको वहां एक नहीं अनेक मनोवांछित मित्र मिल जाते हैं।

किसी भी देश के किसी महानगर में अगर विदेश के महानगरों से लाकर भिन्न-भिन्न जातियों, स्वभाव और प्रकृति के लोगों को बसा दिया जाए तो आप जानते हैं क्या होगा?

आप देखेंगे कि उनमें जिन लोगों की साहित्यिक रुचि थी उनकी मित्रता उस महानगर के साहित्यकारों से हो गई है, जो कलाकार थे वे कलाकारों में घुल-मिल गए हैं। धार्मिक विचारों के व्यक्तियों ने मन्दिर, मस्जिद या अन्य पूजा-स्थल खोज लिए हैं और जो अपराधी प्रवृत्ति के लोग थे वे मिल गए हैं, उस महानगर के अपराधियों के विभिन्न गिरोहों में। अर्थात्, जिस व्यक्ति की प्रवृत्ति जैसी थी वह उसी प्रकार की प्रवृत्ति वाले लोगों की भीड़ में मिल गया।

यह एक मनोवैज्ञानिक सिद्धांत है जिसकी कोई भी अवहेलना नहीं कर सकता। यह एक विचित्र सत्य है कि मन अपने जैसी ही वस्तु को अपनी ओर किसी चुम्बक के समान खींच लेता है। चुम्बक का सिद्धांत है कि विरोधी और विजातीय तत्वों को वह अपनी ओर कभी नहीं खींचता। यही सिद्धांत मनुष्य के मन का भी है। इसलिए अपने मन को वैसा ही बनाइए जैसा आप चाहते हैं। आप जिन वस्तुओं की कामना करें, अपने मन को वैसा ही बना लीजिए, हर पल उसी कामना के बारे में सोचिए।

आपका मन जैसा होगा, आपके विचार और भावना जैसी होगी, आपका स्वभाव भी वैसा ही बन जाएगा। उसके बाद तो आप निरन्तर अपनी कामना के बारे में ही सोचते रहेंगे और जब आपकी विचार शक्ति प्रबल हो जाएगी, आपकी कामना भी पूर्ण हो जाएगी।

जैसे विचार और भावनायें होती हैं, स्वभाव भी वैसा ही बन जाता है। अगर आपके मन में ईर्ष्या, द्वेष और क्रोध के विचार हैं तो ये विचार आपके स्वभाव में शामिल हो जायेंगे और इसके बदले में आपको ऐसे ही विचार और भावनायें मिलेगी।

10. आस्था और श्रद्धा

वास्तव विश्वास और श्रद्धा की भावनाएं मिलकर ही आस्था का निर्माण करती। आस्था जितनी ही अडिग व्यक्ति उतनी ही दृढ़ता, लगन और तन्मयता के साथ उस दिशा की ओर बढ़ेगा।

आस्था का सीधा-सादा अर्थ है किसी व्यक्ति, कार्य या सिद्धांत अथवा आदर्श के प्रति दृढ़ विश्वास और श्रद्धा। किसी भी व्यक्ति के मन में इन चीजों के प्रति जितनी गहन श्रद्धा और प्रगाढ़ विश्वास होगा, आस्था उतनी ही अमिट और अडिग होगी। वास्तव में विश्वास और श्रद्धा की भावनायें मिलकर ही आस्था का निर्माण करती हैं। आस्था जितनी ही अडिग होगी व्यक्ति उतनी ही दृढ़ता, लगन और तन्मयता के साथ उस दिशा की ओर बढ़ेगा। विश्वास की दृढ़ता तथा श्रद्धा की अडिगता उसके बढ़ते हुए कदमों को न तो शिथिल होने देगी और न उन्हें डगमगाने देगी। वह उनमें ऐसी दृढ़ता और शक्ति भरती रहेगी जो उसके लक्ष्य तक पहुंचा देगी।

सच्ची आस्था:

व्यक्ति के लिए लक्ष्य या उद्देश्य की प्राप्ति में आस्था का सर्वाधिक महत्त्वपूर्ण स्थान होता है। आस्था ही व्यक्ति की प्रेरणा-स्रोत होती है। अपने लक्ष्य की प्राप्ति के लिए उसके हृदय में उत्पन्न होने वाली उत्कट अभिलाषा को रुचि तथा लगन में परिवर्तित कर देती है। जिस व्यक्ति में आस्था जितनी अडिग होगी, या आस्था जैसे-जैसे सुदृढ़ बनती जाएगी, सफलता उसके उतनी ही निकट होती चली जाएगी।

सफल जीवन के लिए आस्था जितनी आवश्यक और महत्त्वपूर्ण है, आस्था को हृदय में उत्पन्न करना और उसे सुदृढ़ बनाना उतना ही कठिन है। कठिन अवश्य है लेकिन असम्भव नहीं है। वास्तव में जिस प्रकार मनुष्य के कुछ संस्कार या विशेषताएं ईश्वर प्रदत्त होती है, आस्था भी ईश्वर प्रदत्त होती है। मनुष्य के हृदय में आस्था का अंकुर जन्मजात होता है। लेकिन उस अंकुर को एक विशाल तथा सुदृढ़ वृक्ष का रूप देना व्यक्ति के ऊपर निर्भर करता है। व्यक्ति के मन में एक बार आस्था उत्पन्न हो जाए तो वह अपनी समस्त अभिलाषाओं और इच्छाओं को पूरा करने में समर्थ हो जाता है। आस्था व्यक्ति की ईर्ष्या, द्वेष तथा दूसरों में बुराई खोजने की घृणित भावनाओं को समाप्त कर देती है। उसके हृदय में मानव मात्र के प्रति स्नेह और अपनत्व की भावनायें पैदा हो जाती है। वह सभी का सहयोग सहज ही प्राप्त कर लेता है।

आशा और निराशा:

मानव जीवन में आशा और निराशा, धूप-छांव या रात और दिन के समान उत्पन्न होती रहती हैं। कभी-कभी जीवन में ऐसे क्षण आ जाते हैं जब व्यक्ति को चारों ओर से निराशा का गहन अन्धकार घेर लेता है। बुद्धि और विवेक के होते हुए भी वह उस घटाटोप अंधेरे से निकलने का मार्ग नहीं खोज पाता। ऐसी स्थिति में यदि उसके हृदय में आस्था है तो आस्था का प्रकाश ही उस गहरे अन्धकार में उसकी सहायता करता है और उसका मार्गदर्शक बन जाता है। जब भी व्यक्ति के सामने विषम परिस्थितियां आती

हैं, वह स्वयं पर से ही नहीं ईश्वर पर से भी विश्वास खो बैठता है। उस समय केवल आस्था की शक्ति ही उसकी सहायता करती है। उसे उन विषम परिस्थितियों से लड़ने की शक्ति तथा सामर्थ्य प्रदान करती है और उसका डगमगाता हुआ विश्वास एक बार फिर संभलकर दृढ़ता से खड़ा हो जाता है।

अमेरिका के राष्ट्रपति लिंकन गुलामी की प्रथा के प्रबल विरोधी थे। वह अपने देश से उस प्रथा को जड़ से उखाड़ फेंकना चाहते थे। इस प्रथा को समाप्त करने के लिए उन्होंने जब सीनेट में प्रस्ताव रखा तो अमेरिका के सम्पूर्ण जमींदार और अभिजात्य वर्ग के लोग उनके विरुद्ध हो गये और वह विरोध इस सीमा तक बढ़ गया कि ऐसा महसूस होने लगा कि राष्ट्रपति लिंकन को बुरी तरह अपमानित होकर अपने पद से हाथ धोना पड़ेगा। लेकिन लिंकन के हृदय में आस्था इतनी गहराई तक बैठी हुई थी कि विरोध की प्रचण्ड आंधियां उनके बढ़े हुए कदम को पीछे हटाना तो दूर, उसे हिला तक न सकीं। परिणाम यह हुआ कि उनके विरोधियों को पराजय का मुंह देखना पड़ा।

कुछ लोग इस सीमा तक भाग्यवादी या ईश्वरवादी हो जाते हैं कि अपने सारे काम भाग्य या ईश्वर के सहारे छोड़ देते हैं। भला हो या बुरा, इसकी चिन्ता छोड़कर ईश्वर या भाग्य के सहारे हाथ पर हाथ रखकर बैठ जाते हैं। उनकी धारणा बन जाती है कि जो कुछ भाग्य में लिखा है या ईश्वर की जो भी इच्छा होगी, वही होकर रहेगा। ऐसे व्यक्तियों का दृष्टिकोण उदारात्मक बन जाता है और इस धारणा के दुखद परिणाम उन्हें जीवन भर भोगने पड़ते हैं। उनकी सम्पूर्ण शक्ति, सामर्थ्य और क्रियाशीलता समाप्त हो जाती है। भाग्यवाद या ईश्वरवाद बड़े से बड़े शक्तिशाली, सामर्थ्यवान और साहसी व्यक्ति को भी अकर्मण्य बना देता है। उसका समूचा उत्साह नष्ट हो जाता है। किसी काम को करने की उसमें इच्छा ही पैदा नहीं होती।

ईश्वर को हर समय स्मरण रखना तो आवश्यक है लेकिन अपने पुरुषार्थ को भूलकर उसी पर निर्भर रहना मूर्खता है।

11. विचारों की भटकन

चिन्ता क्या है? यह जीवन का दुःस्वप्न है, जिसके कारण हमारी अच्छाईयां दूर हो जाती हैं, सद्गुण दूर हो जाते हैं। चिन्ता हमारे शरीर से पोषक तत्त्वों को चूस लेती है।

जिसका मन कमजोर और मूर्खतापूर्ण विचारों से भरा हुआ है, उसकी तुलना ऐसे बाग से की जाती है, जिसमें बेकार के झाड़-झंखाड़, खर-पतवार की बाढ़ आ गई हो। इससे फलों की पैदावार रुक जाती है। यदि आपका मन डर, चिन्ता, निरुत्साह, नफरत, ईर्ष्या और जलन से घिरा हुआ है तो उसमें अन्य उदात्त, ऊंचे विचारों के लिए स्थान ही कहां है? सुन्दर फूल-पौधे, झाड़-झंखाड़ और खर-पतवार बहुत जल्दी जड़ पकड़ लेते हैं। यदि उन्हें बहुत समय तक रहने दिया जाये तो वह सभी कीमती पौधों का गला घोंट देते हैं।

चिन्ताः

सबसे भयानक और आमतौर पर पायी जाने वाली खर-पतवार है-चिन्ता। इसने अनगिनत व्यक्तियों के जीवन या तो बौने बना कर रख दिये हैं या

नष्ट कर दिये हैं। चिन्ता शब्द की ध्वनि ही ऐसी है जैसे किसी शिकारी जानवर द्वारा किसी कमजोर पशु का गला घोंटे जाते समय, उस कमजोर पशु के कंठ से निकली चिल्लाहट या 'हाय' की ध्वनि। जब शिकारी कुत्तों से थे, भयभीत होती हैं, जब बड़े जानवर से छोटा जानवर डरता है तो उसके कंठ स्वर से ऐसी ही चीत्कार निकलती है। चीत्कार से ही शायद चिन्ता शब्द बनता है! किसी विद्वान् ने ठीक ही कहा है- चिन्ता पुरुष का पौरुष और नारी का नारीत्व छीन लेती है, वह हमारी इच्छाओं को मार देती है, हमारे न्यायोचित्त प्रयत्नों का और दैनिक जीवन का गला घोंट देती है। वह भेड़िए की तरह हमारा गला घोंटती है, काटती है, हमारे जीवन-रूपी रक्त को चूसती है, हमारी शक्तियों को, हमारी आशाओं को, हमारे लय को, हमारी इच्छाओं को टुकड़े-टुकड़े कर देती है। वह हमें खाली निःसत्व, निराश्रय और निराश बना देती है। चिन्ता क्या है? यह जीवन का दुःस्वप्न है जिसके कारण हमारी अच्छाईयां दूर हो जाती हैं, सद्गुण दूर हो जाते हैं। चिन्ता हमारे शरीर से पोषक तत्त्वों को चूस लेती है।

यह चिन्ता का सही चित्रण है। चिन्ता, घर-परिवार को कितना नुकसान पहुंचाती है, इसका अन्दाजा कौन कर सकता है? यह घर की आत्मा को मार देती है। घर की खुशी और समरसता को यह नष्ट कर देती है। यह परिवार की शांति को भंग कर देती है। घर-परिवार के जीवन पर चिन्ता का बहुत ही गहरा प्रभाव पड़ता है। लगातार चिन्ता के वातावरण में जीवन गुजारने से अधिक हानिकर अन्य कोई बात नहीं, जो विकास को अवरुद्ध कर सके और शक्ति का शोषण कर सके।

बहुत से व्यक्ति लगातार चिन्ता-राक्षसी के ही शासन में जीवन व्यतीत करते हैं। उनका प्राकृतिक विकास कभी नहीं होता। बचपन में ही चिन्ता ने उनके तन-मन का पोषण नहीं होने दिया और उन्हें बौना बना दिया। उनके मन में भय का टीका लगा दिया गया।

जब मातायें अपने नन्हें-मुन्नों को डराती है- यदि तुमने ऐसा किया तो बुरा परिणाम होगा, वैसा न किया तो यह हो जाएगा। इस प्रकार के विविध-निषेधों के वातावरण में, उनके नन्हे, कोमल मन पर भय का ही

राज्य छाया रहता है। अन्त में वह भय उनके मन की गहराइयों में इस प्रकार स्थायी रूप से बस जाता है कि वह छिपा हुआ दैत्य आने वाले वर्षों में निरन्तर सामने आ-आकर उनके मन की शांति एवं प्रसन्नता को नष्ट करता रहता है। चिंता में डूबा मन, चिन्तातुर मन, भय-ग्रस्त मन व्यक्तित्व के प्राकृतिक विकास में बाधक होता है। यह सबसे निम्नकोटि का भय होता है जो व्यक्तित्व को, अभिव्यक्ति को, शख्सियत के कुदरती गुणों को प्रकट होने से रोक देता है, क्योंकि व्यक्ति को दब्बू बना देता है। जो व्यक्ति पुराने भय से पीड़ित होते हैं, वे कभी भी खुल कर स्वतन्त्रता से पूरी तरह अपने व्यक्तित्व को प्रकट नहीं कर पाते। वे सदा झिझकते, दबते, डरते रहते हैं और सनकी हो जाते हैं। हर समय उनके सामने भय आ खड़ा होता है।

एक माता है, उसका कहना है कि यदि वह परिवार की चिन्ता न करेगी तो वह अपने उत्तरदायित्व से हट जायेगी-वह परिवार के प्रति ईमानदार नहीं रहेगी तो उसका मत है कि यदि वह अपने बच्चों के बारे में सोचेगी नहीं, चिन्ता नहीं करेगी, तो वह आलसी, लापरवाह और हृदयहीन हो जाएगी। वह किसी न किसी भय से ग्रस्त रहती है कि कहीं बच्चे को कुछ हो न जाए। यदि बच्चे शहर जाते हैं तो माता डरती है कि कहीं मोटर, बस या ट्रक के नीचे न आ जायें और मारे न जायें। जब वह गांव में आते हैं तो माता की चिन्ता होती है कि कहीं वह पेड़ से न गिर जायें, कहीं तालाब में न डूब जायें, कहीं उन्हें कोई जहर न दे दे। एक अन्य महिला है उसका ईश्वर पर पूर्ण विश्वास है परन्तु उसका सारा जीवन ही चिंता करते और त्रस्त होते बीता है। पहले वह पुत्र-पुत्रियों की चिंता किया करती थी, अब वह पोते-पोतियों और नाती-नातिनों की चिन्ता से ग्रस्त रहती है।

यदि वह बहुत देर तक जीवित रही तो शायद पड़पोतों-पड़पोतियों की चिन्ता करती रहेगी। जब भी वह बच्चे किसी सैर-सपाटे, पिकनिक या घूमने के लिए जाने लगते हैं, तो वह उन्हें सावधान करना नहीं भूलती- "अपना ध्यान रखना। जब तक तुम लौट कर नहीं आते, तब तक मैं तुम्हारे लिए बेचैन रहूंगी।" और वह महिला ईमानदारी से सोचती है कि बिछुड़ते हुए से शब्द कहना और चिन्ता प्रकट करना, बच्चों के प्रति उसके स्नेह का चिन्ह

है। श्रेष्ठ चरित्र और मधुर स्वभाव की यह महिला लगातार काल्पनिक, बुरी आशंकाओं से त्रस्त होती रही है।

परिवार के कई लोग कई बातों में एक दूसरे को इस प्रकार सतर्क किया करते हैं, मां से मत कहना, वह बहुत चिंता करेगी। फिक्र और चिंता की भीड़ इकट्ठी करना, आने वाले समय में कष्टों की आशंका करना, आने वाले रोगों और मुसीबतों से डरना, हजारों प्रकार के वृथा डर से भरे रहना आदि ऐसी बातें हैं जिनका सामूहिक असर बहुत बुरा पड़ता है।

विशेषकर अर्ध-चेतन मन में ये चिंता, भय गहरे बैठ जाते हैं। ये हमारे हितों को रोकते हैं, हमारी उन्नति में बाधा पहुंचाते हैं। इनकी जड़ें हमारे अवचेतन मन की गहराई में उतर जाती हैं और हमारे कार्यों पर बुरा असर डालती हैं। इनसे स्वास्थ्य खत्म होता है। कार्य-कुशलता कम होती है, हमारी निर्णय शक्ति पर गलत प्रभाव पड़ता है।

कल्पित दुःखः

हमारे सामने बड़ा काम यह है कि हम इन काल्पनिक दुखों को जड़ से उखाड़ फेंकें, इन बुरी आदतों का अपने मन से समूलोच्छेद कर दें। मानसिक रसायन द्वारा ही इनकी जड़ें काटी जा सकती हैं और यह मानसिक रसायन एक धार्मिक प्रक्रिया है, जो उसी प्रकार वैज्ञानिक है, जिस प्रकार गणित के सिद्धांत।

जो व्यक्ति सब प्राणियों को अपने अन्दर देखता है और सब प्राणियों में अपने को देखता है, वह इस समान-भाव के कारण चिन्ता, भय, सन्देह से ऊपर उठ जाता है। यह एक भावना है, जो हमें चिन्ता, आशंका और भय से मुक्ति दिला सकती है। यदि कोई हमारी बेइज्जती करे तो हम मधुर वचनों से उसे शांत करें। जो हमारी बुराई करे उसे क्षमा कर दें। मतभेद, विग्रह-विद्वेष की चिकित्सा शांति और सन्तुलन से ही की जा सकती है।

क्या आपने कभी सोचा है-सबसे दुःख देने वाली बात यह है कि यह पिंजरा उन्होंने अपने ही हाथों से बनाया होता है और उस पर वे शक, भय,

चिन्ता और फिक्र के ताले लगाए रहते हैं-इस पिंजरे से मुक्ति का प्रयत्न वे कभी नहीं करते।

हममें बहुत से लोग अपने पूर्वाग्रहों के, ईर्ष्या के, घृणा के तथा स्वार्थों के शिकार होते हैं। हमें इन गन्दी भावनाओं की कैद से अवश्य छुटकारा पाना चाहिए। इन कुत्सित भावनाओं को अपनी स्वतन्त्रता का हनन नहीं करने देना चाहिये। ये हमारे जीवन से खुशी ले लेते हैं। एक इन्सान है-युवावस्था में उससे एक गलत कदम उठ गया था, जिसके कारण उसे कई महीने जेल में रहना पड़ा था। वह बेचारा अपने इस अनुभव की कमी को नहीं भूल पाता था। यह अनुभव उसके मन से चिपककर रह गया। वह जीवन-भर अपने अवचेतन मन की गहराइयों से इसे धारण किये रहा है। इसने उसके जीवन को कम कर दिया है।

आत्म-पीड़नः

वह एक श्रेष्ठ मनुष्य है। उसने अपना जीवन सफल बनाने के लिए कठोर प्रयत्न किया परन्तु वह अपने मनःपटल से अतीत में किए पाप को मिटा नहीं सका। जब भी वह खुशी मनाने लगता है, तब ही अतीत की कटु स्मृतियां रंग में भंग कर देती हैं। वह उसके मन का चैन तथा सुख-शांति को नष्ट कर देती हैं। यह विचार हर समय उसके मन में रहता है। वह सदा भयभीत रहता है कि इस बात का पता उसके बच्चों या प्रिय पत्नी को न लग जाए। कितना दर्दनाक जीवन है। यह इंसान चाहे कहीं भी जाये, इस भय के बादल सदा इसके ऊपर मंडराते रहेंगे। इस भय से वह कभी मुक्त नहीं होता है और इस भय ने उसे समय से पहले ही बूढा बना दिया है।

इस आत्म-पीड़न से उसे कुछ मिलने वाला नहीं। काश! वह अपने मन से इस डर को मिटा पाता, तो उसका जीवन कुछ और ही होता। यह भय लेशमात्र भी सहायता नहीं करता, बल्कि उसकी योग्यताओं के मार्ग में निरन्तर बाधायें खड़ी करता रहता है, उसकी कार्य-कुशलता को क्षीण करता रहता है और उसके काम-धंधे में बहुत ही बड़ी रुकावट डालता है।

हम कष्टों और दुःखों को एकत्र कर उनकी भारी गठरी बना लेते हैं और उन्हें पीठ पर लाद कर उन्नति की कठिन चढ़ाई चढ़ना चाहते हैं परन्तु चढ़ नहीं पाते। इस गठरी में हर प्रकार के भय, चिन्ता, फिक्र, आशंका और सन्देह भरे रहते हैं। इनके भार के कारण तेजी से आगे बढ़ना तो दूर, हम सीधे खड़े रहने में असमर्थ रहते हैं।

इस भारी बोझ तले पिसते हुए हम समय से पहले बूढ़े हो जाते हैं। हम अतीत के बोझ तले इस तरह दबे रहते हैं कि आज के बोझ को प्रभावी ढंग से उठाने में असमर्थ होते हैं। हम आज के कामों को कुशलतापूर्वक क्रियान्वित नहीं कर पाते। इस बोझ से हमारी पीठ झुक गई है। फिर भी हर सवेरे हम अतीत के इस बोझ की गठरी उठाकर काम पर जाते हैं, लेकिन इससे काम में भारी बाधा पहुंचती है। हममें से बहुत से व्यक्ति तो बचपन में ही इस बोझ को अपने ऊपर लाद लेते हैं। फिर आने वाले दिनों में बोझ बढ़ता-बढ़ता बहुत अधिक हो जाता है और इतना अधिक बढ़ जाता है कि हमारी पीठ धरती तक झुका देता है, परन्तु इस बोझ ने हमारा क्या हित किया? इस बोझ को उठाने से हमें क्या लाभ हुआ? कोई हित नहीं, कोई लाभ नहीं, बल्कि हमारी शक्ति कम हुई, इच्छाओं की पूर्ति के मार्ग में इसने हमें निरुत्साहित ही किया। अकारण ही यह चिन्ता हमारे कन्धों को झुका देती है, हमारी आशाओं को नष्ट करती है और हमें लक्ष्य प्राप्ति के मार्ग से हटाती है।

चिन्ता का यह बोझ बढ़ता ही जाता है, बोझिल हो जाता है, अन्त में यह जीवन के सूर्य को ढक लेता है। आशाओं, इच्छाओं को मार कर यह निराशावादी बना देता है। फिर व्यक्ति में कुछ भी बहुमूल्य रचना की शक्ति नहीं रह जाती है। यह चिन्ता उसके जीवन का ही अन्त कर देती है।

एक छोटी-सी चिन्ता को मन में आने दो तो वह दूसरी कई चिन्ताओं के लिए द्वार खोल देती है। वे चिन्तायें अपने से बड़ी चिन्ताओं को बुला लेंगी और सारा मन चिन्ता के ही परिवार से आक्रांत हो जाएगा। जहां चिन्ताएं होगी, वहां भय दौड़ आयेगा और आपकी मनोवृत्ति को अपने वश में कर उसके प्रयत्नों को नष्ट कर देगा। बहुत से लोग मौत के डर से ग्रस्त रहते हैं।

इससे उनकी इतनी शक्ति नष्ट होती है कि उनके जीवन के कई वर्ष कम हो जाते हैं। जब आप जानते हैं कि किसी सम्भव उपाय से आप किसी स्थिति को बदल नहीं सकते, तो उसके बारे में चिन्ता क्यों करते हैं? क्या प्रसन्नतापूर्वक स्थिति में खुशी मनाना अधिक उचित न होगा?

आगे जब कभी भी आप किसी बात की चिन्ता या ईर्ष्या, उत्साह-हीनता अथवा निराशा से आसक्त हो जायें तो स्मरण रखिए कि ये सब भावनायें आपकी शक्ति के भण्डार के छिद्र हैं, जिनसे आपकी ताकत, आपकी सामर्थ्य, आपकी कार्यकुशलता रिस-रिस कर बाहर बहती जा रही है और आप अपनी उस बहुमूल्य जीवनी-शक्ति को खो रहे हैं, जिसे आप अपने कीमती कामों में लगा सकते हैं। अनेक व्यक्ति ऐसे हैं जो इन छिद्रों द्वारा अपनी बहुमूल्य शक्तियों का पचास प्रतिशत भाग या उससे अधिक गंवा देते हैं। परिणाम यह होता है कि जिन ऊंचे, बड़े कामों को करने की आकांक्षा थी, उन्हें करने की बजाय वे मध्यम दर्जे के ही रह कर जीवन को जैसे-तैसे घसीटते चलते हैं। अपनी शक्तियों की बहुमूल्य पूंजी को भय की नाली में बहा देने का किसी को अधिकार नहीं।

अनगिनत कर्मचारी ऐसे भी हैं, जो अपनी योग्यता से चौथाई भी वेतन नहीं प्राप्त कर रहे हैं। कारण यह है कि उन्होंने केवल अपनी शक्ति के बहुमूल्य भंडार में से भय, चिंता, शोक आदि छिद्रों के रास्ते अपनी शक्तियों की कीमती पूंजी को बह जाने दिया। याद रखिए, जितनी बार आप उत्साहहीनता, निराशा या अकर्मण्यता के शिकार होते हैं, उतनी ही बार आप अपनी बहुमूल्य शक्तियों के आन्तरिक पात्र के छिद्रों को खोल देते हैं और उनसे आपकी शक्तियां बाहर बह जाती हैं।

भय को निर्भयता से चिन्ता को निश्चिन्तता से फिक्र को बेफिक्री से ईर्ष्या को उदारता से, जलन को प्रसन्नता से, निराशा को आशा से अकर्मण्यता को कर्मण्यता से परास्त कर दीजिए। जहां प्रेम है वहां घृणा टिक ही नहीं सख्ती। जहां उत्साह, साहस है वहां चिन्ता ठहर ही नहीं सकती।

मन को शुष्क करने वाले, उसकी प्रसन्नता के रस का शोषण करने वाले भावों से सतर्क रहिए। खबरदार! उन्हें अपने मन में कदापि न घुसने दीजिए।

12. आत्मसंयम

आत्मसंयम का मतलब है, अपने मन को वश में करना, अपने मालिक आप बनना।

संयम का आरम्भ विचारों से होता है। हम स्वभाव से ही अपने मन में जैसे विचारों को धारण करते हैं, उन्हीं के अनुरूप हमारा जीवन बन जाता है।

यदि हमारे विचार हमारे वश में हों, हम उनके गुलाम न होकर मालिक हों, यदि हम मन की चेष्टाओं को नियंत्रित कर सकें तो हम अपने जीवन की सभी स्थितियों को वश में कर सकते हैं। यदि हम किसी मनुष्य को गहरे कीचड़ में फंसा देखें, उसे अपने को बाहर निकालने का घोर प्रयत्न और संघर्ष करते देखें, तो क्या हम बिना झिझक उसे बचाने के लिए नहीं दौड़ पड़ेंगे निश्चय ही हम उसे धक्का देकर और गहरे कीचड़ में धकेल कर खतरा नहीं बढ़ायेंगे। लेकिन जब कोई व्यक्ति किसी कारण क्रोधित हो तब हम उसकी भावना की अग्नि को अपनी शांतचित्तता से बुझाने की अपेक्षा, उन ज्वालाओं

में अपने क्रोध का ईधन डालकर उन्हें भड़का देते है तथापि जो लोग अपनी क्रोध भावना को वश में नहीं कर सकते, उनके लिए यदि कोई ऐसा काम कर दें, जिसे वह अपने आप नहीं कर पाते अर्थात उन्हें क्रोधावेग में कुछ कहने या कुछ करने से रोक दें, जिसका कि बाद में उन्हें पछतावा होता तो वह क्रोधावेग से आक्रान्त व्यक्ति अवश्य ही उनके कृतज्ञ होंगे।

वशीभूत मन:

हम सभी जानते हैं कि कई अवसरों पर अपनी भावनाओं और अपने शब्दों को वश में करना कठिन हो जाता है। जिस समय क्रोधाविष्ट मस्तिष्क से गरमागरम रक्त रक्तवाहिनियों में दौड़ता है, तब यह जानते हुए भी कि यह खतरनाक है-घातक है, हम अपने को क्रोध का गुलाम हो जाने देते हैं। इससे न केवल हमारी मुखमुद्रा ही विकृत हो जाती है, अपितु कार्यकुशलता भी कम हो जाती है। इससे अधिक दुःख तो मनुष्य को इसकी स्वीकृति से होता है कि वह आपे में नहीं रहा। अपना स्वामी आप नहीं रहा। एक लेखक का कहना है कि यदि कोई मनुष्य किसी भी संकटपूर्ण स्थिति में शांतिपूर्वक उसके विषय में सोच सकता है, तो वह उस स्थिति से सुरक्षित ही बाहर आ सकता है। शांति और संयम से सोचने की शक्ति तत्काल ही नहीं आ सकती बल्कि ये लगातार आत्मसंयम का अभ्यास करने से आती है। हर रोज के क्षण प्रति-क्षण के छोटे-छोटे अवसरों पर अपने को वश में रखते रहने के अभ्यास से आत्मसंयम की प्राप्ति होती है, छोटे मौकों पर हमारे आत्मवशीकरण का निर्धारण होता है। संकट आने पर कई बार जो मनुष्य अपने को वश में नहीं रख सकते, उन्हें शान्त करने के लिए ऐसे व्यक्तियों को बुलाया जाता है, जो आत्मसंयमी हैं-आत्मवशी हैं-अपने स्वामी आप हैं।

संयम के अभ्यास के बिना बहुत से लोग, गुस्सा न होने के अपने दृढ़ निश्चय से हट जाते हैं, क्योंकि उनकी मानसिक शक्ति उस पल के लिए पंगु हो जाती है। जब हम किसी मनुष्य को डर, गुस्से अथवा अन्य किसी कारण से आत्मसंयम की शक्ति से रहित होते देखते हैं, तो हमें यह दृश्य दयनीय प्रतीत होता है। उससे अभूतपूर्व स्थिति का सामना करने की मांग की जाती है, इसी तथ्य को सामने रखकर उसे चाहिए कि अपने को वश में रखे,

अपने ऊपर नियन्त्रण रखे। एक व्यक्ति है, वह विश्व की सारी शक्तियों का स्वामी बनना चाहता है, परन्तु छोटी-सी शक्ति के वश में हो जाता है। वह स्वीकार कर लेता है कि उस समय वह वास्तव में वही मनुष्य नहीं है।

वह स्वीकार करता है कि उस समय वह अपनी चेष्टाओं के लालच में गिर गया है। वह कड़वे तथा असत्य वचन बोलता है, वह एक भोले-भोले व्यक्ति के मस्तिष्क पर व्यंग्य के गोले फेंकता है। उसके पागलपन पर विचार कीजिए कि किस प्रकार वह अपने सर्वोत्तम मित्र को शत्रु बना लेता है-या क्रूर शब्दों के प्रयोग से उसके मन को छलनी कर देता है।

एक बच्चा एक बार किसी गरम वस्तु को छू ले, तो इस अनुभव के द्वारा वह दुबारा गरम वस्तु को छूने की भूल नहीं करता। परन्तु हम बड़े लोग कभी नहीं सीखते कि गुस्से से भरे शब्दों से कितनी हानि होती है और बार-बार उसी भूल को दोहराते रहते हैं। जो मनुष्य अपने को वश में नहीं रख सकता वह एक ऐसा नाविक है जिसके पास दिशादर्शक यन्त्र (कंपास) नहीं है, वह वायु की दया पर निर्भर होता है, चाहे वह किसी ओर ले जाए। क्रोध का प्रत्येक तूफान उत्तरदायित्वहीन प्रत्येक विचार-असंयमित व्यक्ति को इधर-उधर, उधर से इधर झकझोरता है। वह अपने लक्ष्य के रास्ते से हट जाता है। उसकी इच्छा, आकांक्षाओं से विपरीत मार्ग पर उसे ले जाता है। आत्मसंयम ही चरित्र का सार है। जो व्यक्ति आंखें सामने करके देखने की योग्यता रखता है, जो शांतचित्त और गंभीर है, कितना ही उत्तेजित किए जाने पर तनिक क्रोध नहीं करता, वह आत्मसंयमी है और उसका यह आत्मवशीकरण उसे इतनी शक्ति देता है जितनी और किसी बात से प्राप्त नहीं हो सकती।

यह अनुमति कि आप हर समय, न कि कभी-कभी अपने मालिक रहते हैं, अपने को वश में रखते हैं, अपने चरित्र को गौरवशाली बनाते हैं, आत्मसंयम की यह भावना आपके चरित्र को पुष्ट करती है, सभी ओर से उसे ऐसा सहारा देती है, जो अन्य किसी गुण से नहीं प्राप्त हो सकता।

जो इन्द्रियों का स्वामी है, उन्हें अपने वश में रखता है, वह सदा विधेयात्मक होता है-वह रचनात्मक तथा सृजनात्मक होता है। जो व्यक्ति

सोचता है कि वह जब चाहे अपने मन को वश में कर लेगा, विशेषतः जब उसका किसी वस्तु में स्वार्थ होगा, वह व्यक्ति कभी आत्मसंयम में सफलता प्राप्त नहीं कर सकता। वही मनुष्य आत्मनियंत्रण कर सकता है, जो हर समय अपने को अपने आदेश को मानने के लिए तैयार करता है, जो मन को नियन्त्रित करने के लिए लगातार कोशिश करता है।

जन्मजात गुण:

किसी भी व्यक्ति में शांतचित्तता एक जन्मजात गुण नहीं होता और किसी भी व्यक्ति की प्रकृति क्रोधपूर्ण नहीं होती। उचित संस्कारों एवं अभ्यास द्वारा ही व्यक्ति अपनी भावनाओं को मधुर बना सकता है। इस प्रकार के प्रशिक्षित व्यक्ति का आत्मसंयम उतना ही प्रबल हो जाता है, जितनी प्रबल लालसा और दबाव उसके सामने आए। जिस प्रकार घोड़े को घुड़दौड़ में जीतने के लिए लगातार प्रशिक्षित किया जाता है, तब जाकर वह मुकाबले में प्रथम आ सकता है, उसी प्रकार बचपन से ही मन को एक बिन्दु पर एकाग्र करने का अभ्यास करने से, मन को वश में करने का लगातार अभ्यास करने वाले का ही आत्मसंयम परीक्षा की कसौटी पर खरा उतरता है।

जो व्यक्ति अपने पर वश नहीं रख सकता, जो भावनाओं में झट बह जाता है जिसकी मनोवृत्ति इच्छाशक्ति की परवाह किए बिना डांवांडोल हो जाती है, वह दुर्बल है और परीक्षा का अवसर आयेगा, तो वह फिसल जायेगा। जो व्यक्ति अपना स्वामी आप है जिसकी विचार शक्तियां सुचारु रूप से प्रशिक्षित की गई हैं, उसे अपने मन से ईर्ष्या की भावना को हटाने में देर नहीं लगती, उसके लिए अपने आपको निराशा और हताशा से उबारना कठिन नहीं होता।

इन शत्रुओं से बचना इतना ही आसान होता है जितना किसी कांटे वाले के लिए स्विच दबाकर कांटा बदलना और गाड़ी को दूसरी लाइन पर भेजना। एक विद्वान् ने कहा है कि संयत मन का व्यावहारिक लाभ यह होता है कि इसमें आध्यात्मिकता को प्राथमिकता देने की पात्रता आ जाती है। यही आध्यात्मिक प्राथमिकता आत्मसंयमी व्यक्ति को असंयमी से अधिक बलवान बना देती है, क्योंकि असंयमी लोग तो नफरत की हवा के झोंकों की दया

पर जीते हैं। उस असंयमी का पतन चाहे वह कितना ही ऊंचा हो, उसी प्रकार हो जाता है, जैसे भयंकर तूफान द्वारा पर्वत का ऊंचा शिखर उखाड़कर फेंक दिया जाता है।

इच्छाओं की दया पर जीना, अपने भिन्न-भिन्न प्रकार के 'मूड' का शिकार हो जाना, भावुकता में बह जाना ये भयंकर दुर्घटनाएं हैं, जो जीवन में दयनीय असफलतायें ला देती हैं।

लोग हर जगह निरन्तर अपने दुर्भाग्य का-बदकिस्मती का रोना रोया करते हैं, शिकायत किया करते हैं कि उन्हें न कभी खुशी मिली न सफलता। परन्तु जब वह हर समय चिन्ता की आदत से अपने मन को विषमय बनाते रहते हैं, तुरन्त क्रोध के वश में हो जाते हैं, लोगों के मन में असन्तोष की भावना उत्पन्न होती है, या निराशा से अशान्त हो जाते हैं, लगातार ऊपर उठने की अपेक्षा अपने पतन की बातें करते रहते हैं। कभी खराब मौसम का रोना रोते हैं, कभी कहते हैं- "हाय! अवसर ही नहीं मिला-उन्नति का अवसर ही नहीं मिला।" हमेशा अपनी पिछली असफलताओं पर आंसू बहाते रहते हैं और हर प्रकार के दुःखों की कथा सुनाते रहते हैं-उन्हें प्रसन्नता और सफलता मिल ही कैसे सकती है? व्यक्ति हर समय किसी वस्तु या व्यक्ति पर निन्दा की चोट करते रहते हैं, अपनी गपशप से कटु आलोचना से दूसरों के हृदय घायल करते रहते हैं, दूसरों के दोष ही देखते हैं और लतिया ही निकालते हैं, वे नहीं समझते कि किस प्रकार उनका शरीर और मस्तिष्क का स्तर नीचे गिर रहा है। वे समझ नहीं पाते कि विरोध और झगड़ा करने वाला मन नकारात्मक-निषेधात्मक मन है, जो किसी प्रकार की रचना, सृजन या निर्माण नहीं कर सकता।

उन्हें पता नहीं चलता कि किस प्रकार वे अपनी कार्यकुशलता को पंगु बना रहे हैं और स्वयं ही अपने को प्रसन्न या सफल करना असम्भव बना देते हैं। उनका असंयम, उनका मानसिक असंतुलन उन्हीं वस्तुओं से उन्हें दूर ले जाता है, जिन्हें वे अपनी ओर आकर्षित करना और प्राप्त करना चाहते हैं। कहा जाता है कि यदि अन्तरिक्ष के पिण्डों-ग्रह-नक्षत्रों में से कोई एक भी असन्तुलित हो जाए तो समस्त विश्व में भीषण उपद्रव हो जाएगा। किसी

मनुष्य में सन्तुलन बिगड़ने का अर्थ है- उसके सम्पूर्ण अस्तित्व की तोड़-फोड़, विनाश और विप्लव।

क्रोध, विनाश का कारण:

क्रोध का एक दौर इसका सबसे अच्छा उदाहरण है। कुछ ही मिनट में क्रोध का आवेग न रोक पाने पर व्यक्ति का चेहरा एकदम बदल जाता है। उस समय उसके मुख की आकृति ऐसी भयंकर हो जाती है कि उसके मित्र भी चकित रह जाते हैं कि क्या यह वही व्यक्ति है? वह व्यक्ति कुछ देर के लिए पागल हो जाता है। सामान्यतः जो व्यक्ति शान्त और मधुर स्वभाव का होता है, वह भी क्रोध के बवंडर से बिल्कुल बदल जाता है।

क्रोध का आघात तन्त्रिका तंत्र पर होता है, वह व्यक्ति के बल को थका देता है, एक उत्साही व्यक्ति भी इस धक्के से दुर्बल होकर थरथर कांपने लगता है। क्रोध के द्वारा नस-नाड़ियों में विष की लहर-सी दौड़ जाती है। इसकी रफ्तार विद्युत जैसी होती है इसका प्रभाव यह होता है कि मस्तिष्क की नसें और नाड़ियां विषाक्त हो जाती हैं। एक छोटा-सा विचार आते ही, अपमान की कल्पना होते ही, कुद्ध व्यक्ति दूसरे पर गोली चला देता है या चोट से घायल कर देता है। एक ही क्षण के बाद उसे पछतावा होता है और वह सोचता है उसने भयंकर गलती कर दी, काश! वह अकृत हो सकता। कामवासना, क्रोध, ईर्ष्या, बदले की भावना, घृणा, जलन और इसी प्रकार के भावावेग का जब दौरा पड़ता है, तो एक गोली-सी छूटकर मस्तिष्क पर जा लगती है और मस्तिष्क से तन्त्रिकाओं द्वारा अंगों को आदेश जारी कर दिए जाते हैं, तब अंगों से ऐसी चेष्टा, ऐसी बुरी हरकत हो जाती है, जिसके लिए मनुष्य को जीवन-भर पछताना पड़ता है। अधिकांश व्यक्तियों में यह दुर्बलता तब आती है, जब वे चिन्ता के शिकार हो जाते हैं। यकृत के रोग, अपच, त्वचा अग्निमांद्य के रोग-ये प्रायः क्रोध के भीषण आवेग के परिणाम होते हैं। इसके अतिरिक्त रोग-जीवाणु भी इसी स्थिति में वेग से बढ़ते हैं।

मस्तिष्क में एकाएक जो भावावेग का तूफान आता है, वह भयंकर होता है और जिस व्यक्ति की रक्त वाहिनियां दुर्बल होती हैं, उसे इससे अधिक हानि

पहुंचती है। कई बार इससे दिमाग की नसें फट जाती हैं। क्रोध के दौरे से मस्तिष्क की शक्ति का ह्रास होता है, शरीर का बल कम हो जाता है और सब प्रकार की शक्ति जल जाती है। क्रोध का दौरा तब होता है जब कोई बात हमारी इच्छा के विरुद्ध होती है-केवल इस बात से उन शक्तियों को नष्ट करना कहां तक उचित है, जिनसे हमें संसार में बड़े-बड़े काम करने हैं।

क्रोध में पागल होकर मनुष्य अपनी बहुमूल्य ऊर्जा को, शरीर और मन की शक्ति को व्यर्थ गंवाता है, उसी शक्ति को किसी उपयोगी काम में लगाया जा सकता था।

घर-परिवार में इस प्रकार क्रोध के विस्फोट नाश्ते के समय प्रायः देखते जाते हैं। चाय या काफी ठीक नहीं बनी, परांठा जल गया है या कच्चा रह गया है, आदि। ऐसी छोटी-छोटी बातें अवसर पैदा कर देती हैं। एक पति इसी पर गुस्सा होकर बड़बड़ाने लगता है कि नाश्ता समय पर तैयार नहीं हुआ। कई बार समाचार पत्र को पहले पढ़ने पर झगड़ा हो जाता है। एक ही पल पहले जहां सब हंस रहे थे अब आपस में झगड़ रहे हैं। कई बार ऐसे झगड़ों से ऐसी कटुता उत्पन्न हो जाती है कि सम्बद्ध व्यक्ति कई-कई दिन आपस में बोलते तक नहीं। असंयम का एक क्षण-अपने को वश में न रख पाने का एक पल, कई बार जीवन-भर की मित्रता को कटुता में परिवर्तित कर देता है और कई बार तो इससे परिवार बंटकर बिखर जाते हैं।

क्रोध को वश में न रख पाना, अपनी दुर्बलता की स्वीकृति है। इससे मनुष्य गंभीर रूप से घायल हो जाता है। हम किसी व्यक्ति का मूल्यांकन इस बात से कर सकते हैं कि छोटे-मोटे कष्ट या साधारण खिझाहट का उस पर क्या प्रभाव पड़ता है। यदि वह उनका बहुत बढ़ा-चढ़ाकर वर्णन करता है, उनके बारे में अधिक बातें करता है, अपना बहुमूल्य समय उन्हीं के बखान में नष्ट करता है, तब हम समझ लेते हैं कि वह विशाल हृदय वाला, उदार मन वाला व्यक्ति नहीं है। वह वस्तुओं का यथार्थ मूल्यांकन नहीं करता।

जो व्यक्ति वास्तव में विशाल हृदय, शांत एवं सन्तुलित होते हैं, उन्हें जरा-जरा-सी बातें कष्ट नहीं देतीं। यदि वह कहीं जाने को तैयार होते हैं तो हड़बड़ी नहीं मचाते, यदि उनकी गाड़ी छूट जाए तो वह 'आह' 'ओह' नहीं

करते, यदि गाड़ी आने में देर हो तो वह व्याकुल नहीं होते। वे बिना कोलाहल किए, बिना शोर मचाए, सामने आई स्थिति का शान्तचित्तता से सामना करते हैं और उसी के अनुकूल सामंजस्य स्थापित कर लेते हैं।

यह मत भूलो कि तुम सर्वशक्तिमान ईश्वर की सन्तान हो और तुम बहुत महान्, बहुत विराट, बहुत विशाल, बहुत ऊंचे हो। परिस्थितियां तुच्छ हैं-उन्हें बदलने की तुममें पूरी शक्ति है। शान्त हो जाओ, मधुर बन जाओ, विवेकी बन जाओ, हर तूफान का पूरी शक्ति से मुकाबला करो। यदि तुम अपने मन के तूफानों को वश में कर सकते हो, तो बाहरी तूफान तुम्हारा कुछ नहीं बिगाड़ सकते।

13. विचारों पर नियन्त्रण रखिए

आपका मन एक पतवार के समान है जो आपके जीवन-रूपी जलयान को सही दिशा प्रदान करता है। क्या आपने कभी अपने मन को वश में करने उसे अपनी इच्छानुसार चलाने का प्रयत्न किया है?

एक पुरानी कहानी है-किसी मामूली पढ़े-लिखे आदमी के पिता के पास एक जलयान था। जब पिता की मृत्यु हो गई तो वह जलयान उसे मिल गया। उस व्यक्ति को न जलयान के सम्बन्ध में कुछ जानकारी थी, न समुद्र के सम्बन्ध में। लेकिन जलयान का स्वामी बनते ही उसने निश्चय किया कि वही अपने जलयान का कप्तान होगा और दूर-दूर तक समुद्र की यात्रा करेगा। और यह निश्चय करने के बाद वह समुद्री यात्रा पर चल पड़ा। उसने जलयान के पुराने कप्तान का स्थान स्वयं ग्रहण कर लिया और जलयान के कर्मचारियों को आदेश दिया कि वे अपना-अपना काम संभालें। जब जलयान समुद्र में पहुंचा तो वह मन ही मन भयभीत हो उठा, क्योंकि उसे जहाजरानी के सम्बन्ध में रत्ती-भर भी ज्ञान नहीं था। नए कप्तान साहब का आदेश पाते ही जलयान के कर्मचारी अपने-अपने काम में लग गए। जलयान बड़ी

सुगमता से आगे बढ़ने लगा। कप्तान साहब कर्मचारियों के कामों का निरीक्षण करते हुए डैक पर पहुंचे तो उन्होंने देखा कि एक आदमी एक पहिए को कभी इधर घुमा देता और कभी उधर घुमा देता।

कप्तान साहब ने पूछा- "यह आदमी इस पहिए को इस तरह क्यों घुमा रहा है?"

अन्य कर्मचारियों ने उन्हें बताया कि वह पहिया नहीं पतवार है। यह आदमी इस पतवार को इधर-उधर घुमाते हुए जलयान को सही दिशा प्रदान करता है।

यह सुनकर कप्तान साहब बोले- "पता नहीं यह आदमी यहां बैठा-बैठा क्या करता रहता है। मुझे तो इस आदमी की यहां आवश्यकता दिखाई नहीं दे रही। जब जलयान अपने आप ही बढ़ा चला जा रहा है तो इस पहिए को इधर-उधर घुमाने से क्या लाभ। हां, जब सामने से कोई जलयान आता दिखाई दे या किनारा नजर आने लगे, तब इस पतवार का प्रयोग करना चाहिए। इस आदमी की यहां कोई जरूरत नहीं है। पाल खोल दो और अब जलयान को अपने आप आगे बढ़ने दो।"

कर्मचारी ने कप्तान साहब के इस आदेश का पालन किया। उस आदमी को वहां से हटाकर दूसरे काम पर लगा दिया गया। परिणाम यह हुआ कि सही दिशा न मिल पाने पर जलयान समुद्र के पानी में छिपी एक चट्टान से जा टकराया और डूब गया। कप्तान साहब के साथ-साथ जलयान के और भी अनेक कर्मचारी समुद्र की लहरों में समा गए। जो जीवित बचे, वे जीवन-भर उस कप्तान की मूर्खता-भरी इस कहानी को याद करते रहे।

उच्छृंखलित मन:

सोचिए, क्या आप पर भी उस जलयान के संचालन से अधिक मूल्यवान और उलझन-भरी वस्तु के संचालन का भार नहीं है? जानते हैं वह वस्तु क्या है? वह है आपका जीवन। आपका मन एक पतवार के समान है जो आपके जीवन-रूपी जलयान को सही दिशा प्रदान करता है। क्या आपने कभी अपने मन को वश में करने और उसे अपनी इच्छानुसार चलाने का प्रयत्न

किया है? क्या आपने कभी उसकी उछलता पर रोक लगाने की कोशिश की है या उसे अपनी इच्छानुसार इधर-उधर भागने की खुली छूट दे रखी है? क्या आपका मन क्रोध अथवा अन्य दुर्गुणों के कारण गलत दिशा में इधर-उधर नहीं भागता रहता? क्या आप हर अपरिचित व्यक्ति को अपना राजदार बना लेते हैं। क्या आपका मन मनोरंजन के घटिया साधनों से अपने को बहलाते हुए आपको उस मार्ग से भटका नहीं देता जिसे आपने खूब अच्छी तरह सोच-समझकर निर्धारित किया था और जिस पर चलकर आपने अपने जीवन को संवारने का निश्चय किया था? क्या आप वास्तव में अपने जीवन-रूपी जलयान के कप्तान हैं? क्या आपको इस बात का ज्ञान है कि आप उसे किस ओर ले जा रहे हैं। और आप उसे जिस ओर ले जा रहे हैं क्या वहां आपको प्रसन्नता, शान्ति और सफलता प्राप्त हो सकेगी?

अगर आप अपने मन को नियन्त्रण में नहीं रख पा रहे तो इसका सीधा-सादा अर्थ यह है कि आप परिस्थितियों के गुलाम हैं। आप उसके स्वामी नहीं हैं? क्या आप यह समझते हैं कि मन पर नियन्त्रण कर पाना कठिन या असम्भव है? जी नहीं, यह कठिन या असम्भव नहीं है। मन को नियन्त्रित रख पाने के लिए परिस्थितियों के दास बनने के बजाय परिस्थितियों को अपने अनुकूल बनाइए। अपनी इच्छा-शक्ति को दृढ़ बनाइए।

इसके लिए कुछ बुनियादी सिद्धांतों को जान लेना आवश्यक है। इन सिद्धांतों से ही आप जान सकेंगे कि आप अपने इस जीवन-रूपी जहाज को किस प्रकार निर्धारित दिशा की ओर मोड़ सकते हैं। और किस प्रकार अपनी जीवन दिशा और अपनी चेष्टाओं को अपने वश में कर सकते हैं। इन सिद्धांतों का ज्ञान प्राप्त किए बिना आप अपने जीवन का निर्माण नहीं कर सकते।

आत्मनियंत्रण:

हमारा मन हमारे प्रत्येक कार्य पर, हमारी प्रत्येक चेष्टा पर और हम पर शासन करता है। लेकिन हम इसी मन की उपेक्षा करते रहे हैं। हम कभी यह देखने या जानने की चेष्टा नहीं करते कि वह सही दिशा में जा रहा है या गलत दिशा में। हम न तो उसे समझने की कोशिश करते हैं, न समझाने

की। हम जब कभी अपनी मानसिक शक्तियों की प्रशंसा करते हैं तो अपने मन के बारे में कुछ भी नहीं कहते। समझते हैं कि मन तो अपरिवर्तनशील है और एक ऐसा औजार है जिसका प्रयोग वही व्यक्ति कर सकता है जिसमें जन्मजात प्रतिभा और विलक्षण बुद्धि हो। मन को वश में करना आसान काम नहीं है।

लेकिन पिछले कुछ वर्षों में मन को नियन्त्रित करने के बारे में काफी अध्ययन किया गया है। नियन्त्रित मन को जानने की भी बहुत कोशिश की गई है और चरित्र के सुधारने की शक्ति, परिस्थितियों को वश में लाने के साधन, वातावरण को परिवर्तित करने के उपाय, व्यक्ति के स्वास्थ्य, प्रसन्नता और सफलता आदि की प्राप्ति में मन को नियन्त्रित करने के साधनों को जानने की भरसक कोशिश की गई है। वस्तुतः इन सबसे यही निष्कर्ष निकला है कि विचारों को इच्छानुसार प्रशिक्षण दिया जा सकता है। और इसे प्रशिक्षित तथा नियन्त्रित करने के परिणाम अनन्त होते हुए भी सुखद सिद्ध हो सकते हैं।

लेकिन बहुत ही कम ऐसे लोग होते हैं जो अपने विचारों को नियन्त्रित और प्रशिक्षित कर पाते हैं। अधिकांश व्यक्ति तो अपने मन के ही गुलाम होते हैं। वे हर बात को भाग्य के भरोसे छोड़ देते हैं। वे अपने विचारों को बेलगाम घोड़े की तरह छोड़ देते हैं। और वह शक्ति भी है कि हम अपने स्वभाव को अपनी इच्छानुसार भला या बुरा कैसा भी बना सकते हैं।

जो व्यक्ति अपने विचारों को अपने वश में नहीं कर सकता, जो अपनी प्रवृत्तियों और चेष्टाओं को नहीं बदल सकता, वह यह भी नहीं जान सकता कि सौंदर्य, उल्लास और सफलता का सृजन किस प्रकार से रुकता है। जिनका मन अपने वश में नहीं होता वे लोग कहते हैं-जो हो गया सो ठीक ही है। लेकिन जो हो गया वह ठीक नहीं है, ठीक तो वह है जो होना चाहिए। अगर कोई मूर्तिकार पत्थर पर एक भी ऐसी चोट मार दे जिसकी आवश्यकता न हो तो वह मूर्ति का निर्माण नहीं कर सकता। मूर्तिकार का ध्यान अपने लक्ष्य के छोटे से छोटे बिन्दु तथा छोटी से छोटी रेखा की ओर रहता है और उसका सदैव यही प्रयास रहता है कि उसकी छैनी की हर चोट

उसके केवल लक्ष्य तक ही पहुंचे। उसने अपनी कल्पना से जिस मूर्ति का निर्माण किया हुआ होता है, छैनी की हर चोट पत्थर को उसी रूप में ढालती चली जाती है जिसका उसने अपनी कल्पना से निर्माण किया था। दूसरे शब्दों में वह अपने सपने को साकार कर देता है। लेकिन ऐसा तभी हो सकता है जब मूर्ति का निर्माण करते समय उसका ध्यान और दृष्टि रंचमात्र भी इधर-उधर न भटकने पाये।

उन्नत विचारधारा:

अपने विचारों और चरित्र में सुधार के लिए आपको भी मूर्तिकार की तरह प्रयास करना पड़ेगा। स्पष्ट रूप से निश्चित कर लेना होगा कि जो कुछ आप करना चाहते हैं उसे किस प्रकार कर सकते हैं। योजना निर्धारित करने के बाद आपको अपने लक्ष्य की पूर्ति के लिए, अपनी कल्पना को साकार रूप देने के लिए, निरन्तर कठिन परिश्रम करना पड़ेगा। आप छैनी को रत्ती-भर भी इधर-उधर नहीं सरका सकते और न चोटों को विराम ही दे सकते हैं। याद रखिये, आपका प्रत्येक विचार एक चोट के समान है जिससे आप अपने जीवन को एक सुन्दर रूप दे रहे हैं। विचार की दो चोटें ही आपके जीवन और चरित्र का निर्माण करेंगी। उन्हें सजाएंगी, संवारेंगी। जिस प्रकार एक मूर्तिकार बिना सोचे-समझे पत्थर पर चोट नहीं मारता, उसी प्रकार आपको भी निरन्तर सोचते-विचारते रहना पड़ेगा।

लेकिन अगर आप अपनी भलाई चाहते हैं, और अपने आश्रितों का भी हित चाहते हैं तो आपके लिए यह नितान्त आवश्यक है कि अपने विचारों को नियन्त्रित करने के उपायों के बारे में सोचिए। तभी आपके व्यक्तित्व का विकास भी हो सकेगा और तभी आप उन लोगों का हित कर सकेंगे जो आप पर आश्रित हैं।

अधिकांश लोगों का विचार है कि मनुष्य के विचार तो अमूर्त तथ्य होते हैं, ठोस पदार्थ नहीं होते। इसलिए इन्हें न तो बदला ही जा सकता है और न इन्हें बदलना ही चाहिए। विचारों पर मनुष्य को कोई वश भी नहीं है।

कुछ लोग कहते हैं कि मन की प्रवृत्तियों पर रोक लगाना कठिन ही नहीं, निरर्थक भी है। उनका यह भी कहना है कि विचारों का विश्लेषण करना बहुत ही कठिन है। लेकिन यह बात एकदम गलत है। भले ही कोई व्यक्ति कितना ही अशिक्षित, असभ्य, असंस्कृत और अबोध क्यों न हो, उसमें इतनी सामर्थ्य अवश्य होती है कि वह अपने विचारों को समझ सके। उनका विश्लेषण कर सके। उनकी खोजबीन कर सके ओर फिर अपने चरित्र, अपने स्वभाव, अपने व्यवहार और अपने जीवन में जितना भी और जैसा भी परिवर्तन लाना चाहे, ला सके। हर व्यक्ति की समस्याएं दूसरे व्यक्ति से भिन्न होती हैं। उन समस्याओं को उसे स्वयं ही सुलझाना पड़ता है। इसी प्रकार प्रत्येक व्यक्ति का लक्ष्य भी अलग-अलग होता है। लेकिन विचारों को सुधारने और उन्हें अपने लक्ष्य के अनुकूल बनाने की प्रक्रिया सभी के लिए एक जैसी होती है।

हर व्यक्ति के विचार करने का तरीका दूसरे व्यक्ति से भिन्न होता है। किसी शिल्पकार की छैनी अगर किसी सेंधमार के हाथ लग जाये तो वह उससे पक्की दीवार में भी छेद कर देगा। और अगर किसी पेशेवर अपराधी के हाथ में आ जाए तो वह किसी की हत्या कर डालेगा। यदि व्यक्ति के हाथों में शक्ति हो तो वह किसी सुन्दर कृति का निर्माण कर सकता है। चाहे तो किसी सुन्दर कलाकृति को नष्ट-भ्रष्ट भी कर सकता है।

इसलिए आपको चाहिए कि आपका प्रत्येक विचार केवल आप ही की भलाई नहीं, बल्कि औरों की भलाई के लिए भी हो। तब आप अपनी दृढ़ इच्छा शक्ति के द्वारा अपनी कार्य शक्ति को नियोजित करके, सोच-समझकर निश्चित किये लक्ष्य को प्राप्त कर सकते हैं। याद रखिए, आप अपने विचारों को भले ही कितनी ही सच्चाई और ईमानदारी से नियंत्रित करें, या अपने लक्ष्य को अपनी सामर्थ्य के अनुरूप कितनी ही पेनी दृष्टि से क्यों न देखें, आपकी पुरानी आदतें आपके मन की एकाग्रता को भंग करने का प्रयत्न अवश्य करेंगी और जब आपकी एकाग्रता भंग हो जाएगी, आप अपने लक्ष्य को प्राप्त करने में सफल नहीं हो पायेंगे।

कार्टर ने लिखा है- "अगर माता-पिता अपने बच्चों को आदेश देने की बजाय उन्हें अपने विचारों पर नियन्त्रण करने का तरीका सिखा सकें तो वे अपने बच्चों को सन्मार्ग पर चलाने ओर उन्हें सफल तथा आदर्श मानव बनाने में बड़ी आसानी से सफल हो जाएंगे अगर बच्चों को यह सिखा दिया

जाए कि वे किस तरह अपने मन में श्रेष्ठ विचारों को स्थान दें और किस प्रकार बुरे विचारों का परित्याग करें तो उन्हें आदेश देने की आवश्यकता ही नहीं रह जायेगी। उनका हृदय निर्मल होगा, विचार श्रेष्ठ होंगे, व्यवहार में सच्चाई और ईमानदारी होगी। उनमें किसी प्रकार की हीनभावना पैदा नहीं होगी और उन्हें कुछ छिपाने की जरूरत ही नहीं रह जायेगी।"

अगर अच्छी तरह विचार किया जाये तो मन को वश में करने का ही दूसरा नाम आत्मसंयम है जिसने अपने मन को वश में कर लिया, उसने जीवन को वश में कर लिया उसे अपने उद्देश्य की सफलता में रत्ती-भर भी संदेह नहीं रहता अगर बच्चों में अपने मन को वश में रखने की आदत पड़ जाये तो पहले तो उनके जीवन में दुःख, कठिनाई ओर असफलता आ ही नहीं पातीं और अगर आ भी जाती हैं तो वे अपने आपको उनसे बचाने में समर्थ हो जाते हैं जिन बच्चों को, मन को वश में करना बचपन में ही नहीं सिखाया जाता, वे जीवन की सर्वोत्तम शिक्षा से वंचित रह जाते हैं।

अपने हित के लिए और जो हम पर आश्रित हैं उनके हित के लिए भी हमें अपने विचारों का विश्लेषण करना आवश्यक है मन में उठने वाले प्रत्येक विचार की जांच-परख करना आपका काम है, क्योंकि विचारों की जांच-परख, उनका चिन्तन, मनन और विश्लेषण एक देवी वरदान बन जाता है अगर आप अपने विचारों को पहचान जायें तो आप बड़ी आसानी से उन्हें अपने वश में कर सकते हैं. वास्तव में उन्हीं लोगों का जीवन सफल जीवन होता है जिनके विचार उनके वश में होते हैं।

एक महान् विचारक ने कहा है- "आपका प्रत्येक विचार आपके भविष्य का निर्माता है फिर भले ही वह विचार शुभ हो या अशुभ।"